日本の母と妻たち

偉人を育て支えた女性の力

岡田幹彦
Okada Mikihiko

光明思想社

はじめに

私はこれまで数多くのわが国歴史上の偉人の物語、伝記を読んできたが痛感させられたことの一つは、偉人の陰には実に立派な母あるいは妻がいたということである。もしそうした母や妻がいなかったならば、とうていこれらの偉人は生まれなかったに相違ないと思わせられた。

子供は幼少時、母とともにある。それから青年になるまで母と生活する時間がふつう父よりも長いから、良きにつけ悪しきにつけ母親の影響、感化を受けるのは自然である。多くの偉人たちがいかに母の庭訓《ていきん》（家庭における教育）・躾《しつけ》に薫陶《くんとう》、感化されたか、偉人伝に明らかである。わが国の歴史において立派な母や妻は無数に存在するが、母・妻は夫や子の陰に隠れていて、記録に残されているのはそう多くない。本書はその中から三十二人をとりあげた。時代も環境も今と大きく異なるが学ぶべき点は少くない。

母・妻としていかにあるべきか、子供をいかに育てるべきか、夫と妻のあり方、家庭はいかにあるべきか、時代を超えて変らぬ共通する大切なものがあることに気づかされるのである。

愛するわが子に何を与えるべきであろうか。最も大切な生涯の贈り物は一体何であろうか。それは純真な魂を持つ子供に、より気高いもの、尊いもの、真なるもの、善なるもの、美なるものに強くあこがれる心を持たせることであり、そうした心を開き導いてゆくことではないだろうか。本来、子供は内心それを切に求めている。

そのため母は子供にそのようなよき話を聴かせ、良書を与えて読ませ、美しいものを見せ、聴かせなければならない。子供の心にできるかぎり邪悪なものにふれさせず、その心を汚《けが》さないようにしなければならない。

いま母・妻である方々、これから母・妻になる人達に知っていただきたいのは次のことである。母・妻が家庭においていかに尊く大切な存在か。子に対する母の影響、感化がいかに重大か。夫を支える妻の内助《ないじょ》の功《こう》の絶大さ。母・妻は家庭の太陽であること。日本の母・妻がいかに立派で偉かったか。子供と夫がよくなるか否《いな》かは結局、母・妻次第であるということである。

本書はわが国歴史におけるその具体的例証である。時代と環境が変り、とりあげている人々が必ずしもすべて手本とはいえないところがあるかもしれないが、少しでも参考となりこれらの女性を知ってよかったと思っていただければ幸いである。本書は畏敬《いけい》する一先輩の強いお勧めに従い、精一杯書かせていただいた。

本書を出版していただいた光明思想社社長白水春人氏並びに同社中村龍雄氏に深く謝意を捧げる。

令和元年九月

岡田幹彦

日本の母と妻たち
――偉人を育て支えた女性の力

目次

はじめに

第1章　偉人を育てた母

第2章　偉人を支えた妻

第3章　偉人を支えた女性たち

第4章　皇室の女性方

第1章　偉人を育てた母

1

荻野きよ（塙保己一・母）

全盲《ぜんもう》の大学者として知られる塙保己一《はなわほきいち》は江戸時代後半（十八世紀中頃）、武蔵国《むさしのくに》児玉郡《こだまぐん》保《ほ》木野村《きのむら》（埼玉県本庄市児玉町）の農家に生まれた。七歳の時に失明、全盲となり、十五歳のとき江戸に出て按摩《あんま》として生活した。しかし保己一は天性のすぐれた頭脳を授かり、人に一度本を読んでもらったら、一行一句ことごとく覚えてしまう超人的な記憶力の持主であった。七十四年の生涯約六万冊の書物を読んでもらったが、そのすべてを暗記していたというのだから、全《まった》く驚くべき恐るべき能力であったのである。

学問への燃えるような情熱を持っていた塙保己一が約四十年間かけて完成したのが、『群書類従《ぐんしょるいじゅう》』というわが国の古文書《こもんじょ》・古記録を集めた一大文献集・史料集（六百六十六冊）である。これが出版されたのが、今から恰度《ちょうど》二百年前である。それは日本の歴史・伝統・文化を深く知る上に不可欠の文献であり、前人未踏《ぜんじんみとう》の価値ある文化的大事業であった。全盲

第１章　偉人を育てた母　（荻野きよ）

の人がこれほどの大仕事をしたことは世界に全く例がなく、『群書類従』の編纂《へんさん》出版は世界的偉業であった。

保己一はどうしてこれほどの仕事が出来たのであろうか。それは周囲に全盲の保己一を親愛し支えてくれた人々がいたからである。その第一は両親ことに母のきよである。きよがいたからこそ保己一の大事業はありえた。

父の荻野宇兵衛《おぎのうへえ》は慈悲心厚く、人のためにわが身《み》をかえりみず思いやりを尽す人であった。伝染病などにかかる人があると感染するのを恐れて誰も近づこうとしないが、宇兵衛は進んで出かけてゆき世話をした。母きよも同様の人で、二人は村一番の親切な夫婦といわれた。保己一はこの両親の性質を一身《いっしん》に受けた。保己一は両親の誠実で情深《なさけぶか》く人の為に尽すという生き方をそばで見ながら成長した。

ところが保己一は丈夫な体ではなく眼病にかかった。きよは幼い保己一を背負って八キロ離れた眼医者に幾日も通い続けたが、ついに失明するのである。

宇兵衛ときよは深く嘆いた。きよはもう外で友達と楽しく遊べなくなった保己一に、毎日時間の許す限り本を読んでやった。きよは隣村の名主《なぬし》の家に生まれた教養ある女性であった。失明以来、これが保己一の唯一の楽しみとなるのである。このとき保己一は母が読んでくれる数々の物語を、ただ一度聴くだけでことごとく記憶し暗誦《あんしょう》できたのである。

　保己一《ほきいち》の記憶力の素晴らしさに驚き悦《よろこ》んだきよは、近くの寺子屋の和尚《おしょう》に「部屋の片隅で話をきかせて下さい」と頼んだ。和尚は文字が読めない子供に勉強が出来るだろうかと心配した。しかし来て見ると、ほかの子供らが声を出して読む本を一遍《いっぺん》聞いて全《すべ》て記憶してしまう保己一に舌を巻くのである。そこで特別に『太平記《たいへいき》』の一部を読んできかすと、それも一語も間違いなくそらんじた。寺子屋から戻り仕事を終えた両親に今日聴き覚えたことを話すことが、保己一の何よりの楽しみであり悦びであった。保己一が生き生きと朗々《ろうろう》と語る姿に、きよは陰《かげ》で嬉《うれ》し涙を流すのである。

　ところが十二歳のとき毎日本を読んでくれた最愛の母が病気で急逝《きゅうせい》するのである。この上ない愛情を注いでくれた慈母の死に、保己一は暗黒の底にたたき落とされた。杖《つえ》とも柱とも頼む母の死は全盲《ぜんもう》の少年の心を打ちのめした。保己一は毎夜泣き明かした。毎日杖をつき手探りで母の墓にたどりつき、真新しい墓標《ぼひょう》の前にいつまでも跪《ひざまず》く保己一の姿に、近所の人々は涙を拭《ぬぐ》った。

　失明と母の死、これほどの不幸を少年時に経験すれば、たいていの人なら失望落胆の底に沈み己《おの》れの不運を嘆き二度と立上《たちあが》れなかったかもしれない。しかし保己一はこの衝撃と悲しみに耐えることができた。失明した年少のわが子をおいて逝《ゆ》かねばならなかった母の深い哀《かな》しみを思った時、保己一はあの世の母を一層悲しませるようなことをしてはならないと自分に言いきかせるのである。あたう限りの愛情を注《そそ》ぎ農家の子として並々ならぬ教育を施《ほどこ》してくれた母の深い感化が、保己一を挫折《ざせつ》から救ったのであった。

やがて保己一は江戸へ出て按摩《あんま》の修業をした。ところが保己一は無器用《ぶきよう》で勘が鈍《にぶ》くさっぱり上達しない。いくらやっても駄目で一年たったころ、ついに行詰《ゆきづ》まり絶望の果て、江戸城の堀、牛《うし》が淵《ふち》に身投げして自殺しようとしたのである。

今まさに身をひるがえさんとしたその刹那《せつな》、ふところの母の形見《かたみ》である巾着《きんちゃく》（布で作った小袋、銭などのいれもの）に手が触れて母の顔が浮かんだのである。あれほど自分を愛し励ましてくれた母であった。自分の為にさんざん苦労して命を縮めたやさしい母の慈顔に、保己一はハッと思いとどまるのである。

「ああ自分は間違っていた。いかに修業が辛《つら》いからといって絶望のあまり死を選ぶとは、こんなに自分の為に苦労して育て上げてくれた両親に対しこれ以上の親不孝はない。なんて馬鹿なことをしようとしたのか。辛抱《しんぼう》して命がけの努力をしよう」

またもや母が保己一を救ったのである。後年保己一は観音信仰《かんのんしんこう》を持つが、きよこそ慈母《じぼ》観音《かんのん》であった。

このあと保己一《ほきいち》は生涯の恩人である盲人一座の雨富師匠《あめとみししょう》から、特別に按摩《あんま》の修業をしながら学問をすることを許された。こうして他人から本を読んでもらうという保己一独特の学問が始まるのである。読んでくれるのは按摩に呼ばれるお客さんである。書物を読んで聴かせたらただ一度で全《すべ》て記憶し暗誦《あんしょう》できるとても善良な並はずれた頭脳を持つ年若い盲人がいるということが人から人へと伝わり、読書好きの心ある人々が保己一に親愛の情を抱き、惜《お》しみない善意を寄せてくれたのである。

保己一は慈愛に富む両親の性格を一身に受けていたから、接する人々から親愛される人柄、人徳《じんとく》を備えていた。按摩によばれる旗本《はたもと》やその夫人たちからまるでわが子のように可愛がられ本を読んでもらった。ただ頭が良い、記憶力がすぐれているというだけでは、人《ひと》人《びと》はこうも保己一に厚意を寄せてくれなかったであろう。

保己一が全盲の大学者として『群書類従《ぐんしょるいじゅう》』の編纂《へんさん》・出版という大事業を成就《じょうじゅ》しえたのは結局、このような父母がいたからである。ことに母きよの存在は大きい。きよが失明した保己一に毎日本を読んでくれなかったならば、保己一は学者にはなっていなかったであろう。またきよの深い愛情と冥々《めいめい》(はかり知れないこと)の導きがなかったならば、保己一は牛《うし》が淵《ふち》で帰らぬ人となっていたであろう。この慈母なかりせば塙保己一《はなわほきいち》はありえなかったのである。子供の教育において母の存在がいかに重く大切か、保己一の生涯は後世に教えている。

なお付記すると、「奇蹟《きせき》の人」として世界中に知られている三重苦の聖女《せいじょ》、ヘレン・ケラーが「人生の目標」「心の支え」として心から尊敬してやまなかったのが塙保己一であったことはあまり知られていない。ヘレンは三度来日している。初来日は昭和十二年でこの時ヘレンは、「私が人生の目標として苦しく辛《つら》く挫《くじ》けそうになったときに、心の支えとした人」が塙保己一であったことを明《あきら》かにしている。塙保己一もまた日本の「奇蹟の人」であった。ヘレン・ケラーを知らぬ人はいない。そうであるならヘレンの「心の支え」であった塙保己一も日本の奇蹟の人として知られなければならない。教師サリバンがヘレンを支えたように、保己一を支えたのは慈母きよであり、保己一とともにあったのは一生肌《はだ》身《み》から離さなかったきよ手作りの巾着《きんちゃく》であった。

2

池田うめ（池田勇人・母）

戦後の日本が経済的に復興し大きく発展したのが昭和三十年代である。東海道新幹線が開通し、第十八回オリンピック東京大会が開催されたのが昭和三十九年であった。その時の首相が池田勇人《いけだはやと》である。池田は戦後日本経済の高度成長を実現した時代の首相（在任・昭和三十五～三十九年の四年四ヵ月）として、昭和戦後のすぐれた首相の一人であった。

池田は京都大学卒業後、大蔵省に入《はい》るが二十九歳の時、奇病にかかった。それは「天疱瘡《てんぽうそう》」といわれた皮膚病で、全身の皮膚がはがれて水ぶくれ、吹き出物が出る何万人に一人という奇病・難病であった。全身に水ぶくれが広がり、それが大きくなってはつぶれる。つぶれるたびに血が噴《ふ》き出してそのあとにかさぶたができる。そのあとまた新しい水ぶくれができるという繰り返しである。その都度《つど》、猛烈な痛みとかゆみが全身を襲《おそ》うのである。

池田は坊主《ぼうず》がりにされた頭のてっぺんから足のつま先まで、包帯でぐるぐる巻きにされた。激痛が走るたびに病床でのたうちまわった。全《まった》く不治《ふち》の病《やま》いに近い業病《ごうびょう》に池田は五年間苦しみ抜くのである。回復の見込みがなかったから、やがて大蔵省を辞職した。発病後、献身的な看護につとめた妻の直子は三年後、病気で亡くなった。池田は「直子が亡くなったのは俺のせいだ」と男泣きに泣いた。

　廃人同様の池田は郷里の広島県吉名村（竹原市）に帰った。池田は近隣の人々から「池田の坊《ぼん》さんは腐っとる（癩病《らいびょう》の意）」とまでかげで噂《うわさ》されるのである。

　しかし母のうめと兄（池田家当主）は、「勇人の病気を治すためには、家の全財産がなくなってもかまわん」と、何としても池田を救い出そうと決意した。目と鼻と口以外、包帯で巻かれほとんど動くことも出来ない池田の看護に、うめ始め池田家の人々は涙ぐましい努力を傾けるのである。うめは息子のために五人もの看護婦を雇った。うめは男まさりの女丈夫《じょじょうふ》で、「女村長」とか「女彦左衛門《ひこざえもん》」とかいわれ、村長は何か大切な要件があるといつもうめに相談にきたそうだ。

　神仏に深く帰依《きえ》していたうめは、あらゆる神仏に息子の病気全快を祈願した。近くの八幡宮にお百度を踏み、冬の深夜に起きて水垢離《みずごり》もとった。うめのみならず家族全員がこうして必死に祈った。近所の人々は「沖屋《おきや》（池田家のこと）の家では気が狂ったのではないか」

と陰口をたたいた。

池田はすでに医者から見放されていた。医者には「命があるだけでもいい方《ほう》だと考えて下さい」と言われていた。全身をおおうかさぶたは、少しの風にあたってもひびわれてゆく。池田はその激痛に耐えかねて二階八畳の病室で転《ころ》げまわる。看護婦たちは必死に池田をおさえて血や膿《うみ》をぬぐい、包帯をとりかえる。これが毎日続くのである。池田は心身ともに疲れ果てて絶望の淵に陥《おちい》り、幾度も自殺の念がよぎった。家族たちは池田が自殺しないかと真剣に心配した。五人も看護婦をつけたのも、池田を一瞬も一人にしない為であった。ある日、「たとえ一週間でもええ、この病気がよくなった姿をみんなに見せてから死にたい」とつぶやいた。するとうめは言った。

「あんたはどうしてそんなにくよくよするのんか。あんたが生まれたのも、こんな病気になったのもみんな神仏《しんぶつ》のみ心ですよ。もっと一所懸命《いっしょけんめい》にみ心におすがりすれば、きっとものからだに立派に治るんです。さ、元気出して、男がなんですのん」

発病して三年目の暮、池田の身の回りの世話をしたのが、やがて後妻となる親戚の娘大《おお》貫満枝《ぬきみつえ》である。満枝が池田をはじめて見たときは、とてもこの世の人とは思えなかった。満枝の実家は医者で満枝も女医を志望したこともあって、彼女は膏薬《こうやく》ぬり、包帯の巻きかえなどほかの看護婦とともに励んだ。やがて他の誰よりも病人の意に沿ってやれるようになった。池田が激痛で暴れ回り手がつけられなくなったときなど、「お兄さん、頑張ってね」といたわりながら親身《しんみ》に世話をした。

うめはこの親類の娘の看護ぶりを心から喜んだ。池田が辛《つら》さや泣き言を口にするたびに、池田を強く励まし続けて満枝はこう言った。

「ほんとうに小母《おば》様のおっしゃる通りよ。神様から授かったいのちを無駄にしてはいけないと思います」

ある日、異変が起きた。池田の手の甲の剥離《はくり》のあとに、多少赤みがかった常人のような皮膚がのぞいていた。また手足のあちこちに同様の状態が見られた。ほんの一部だが回復の兆《きざ》しであった。

うめは悦《よろこ》んだ。うめは神仏のご加護《かご》で必ず治ると信じていた。回復したならば必ずお礼《れい》詣《まい》りに参上しますと願《がん》をかけていた。

「勇人《はやと》、大島へお遍路《へんろ》に行きましょう。これはお礼詣りなんじゃ。そうすればあんたの気だって晴れようからのん」

発病してから五年目の春三月、池田は全身包帯の上に白衣を着てわらじばきという巡礼姿となって、うめのほか姉の二人が同行した。巡礼地は大崎島と愛媛県今治《いまばり》との海上に浮かぶ伊予大島の新四国八十八カ所である。その直前、池田は満枝にこう言っている。

「この病気の身で霊場《れいじょう》めぐりをするのが苦しいことはわかりきっているが、わらにもすがるつもりでやってみたい」

通常の足では二、三日で回れるところを一週間もかかった苦行《くぎょう》であったが、遍路行《へんろこう》の終り頃になると、全身の皮膚の剥離《はくり》が目立ち新しい皮膚面がどんどん増えてきた。難病はついに峠を越したのであった。あとは時間の問題であった。その年の秋、池田は五年間の業《ごう》病《びょう》からとうとう立直《たちなお》ったのである。

池田は回復直後、うめに付き添われて上京した。「小使いでもいいから大蔵省に戻りたい」と思った池田は大蔵省に電話をかけた。電話口に出た一旧友が叫ぶようにして言った。

「なにッ池田、お前生きていたのか。何を遠慮しているのか。何とかする。帰ってこい」

こうして復職した。時に三十四歳である。翌年正月、献身的な看護をしてくれた満枝と再婚した。満枝は二十五歳である。

池田は五年間も遅れたから、大蔵省でとても出世できるとは思わなかった。しかしこの五年間こそ神仏が与えた大きな試練であった。そのあと遅れをとり戻し異例の昇進を遂げ、主税局長《しゅぜい》を経て大蔵次官になる。次いで衆議院議員となり、吉田茂首相に見い出されて大蔵大臣となりついに首相になった。

池田は五年間難病に呻吟《しんぎん》し、出世の道を失い、妻までなくした。病いと失職と妻の死という三重苦の大打撃を受け艱難辛苦《かんなんしんく》を嘗《な》め尽し何度も自殺を思った。しかし母始め家族そして満枝たちが神仏に祈りつつ献身的に尽してくれた。池田は身近な人々の愛情を一身に浴びてしみじみ人の情《なさけ》の有難さを知った。そうして池田をして神仏への敬虔《けいけん》な感情の持主《もちぬし》にした。それがこのあと池田の人間的魅力のもとになる。池田は大きな回り道をしたが、池田の人格形成にこの五年間の試練は決定的だったのである。母のうめが言ったように「こんな病気になったのも、みんな神仏のみ心」だったのである。

池田が奇蹟《きせき》的に回復し首相にまでなることができたのは、全《まった》くうめがいたからである。うめの神仏への堅信《けんしん》とこの上なき母性愛があればこそ、池田は生き返り立ち直り生まれ変ることができたのである。

3

今村きよみ（今村均・母）

大東亜戦争《だいとうあ》は敗れはしたが、その中で「聖将《せいしょう》」と讃《たた》えられた軍人が陸軍大将今村均《いまむらひとし》である。今村はインドネシア方面派遣軍司令官として、三百数十年間インドネシアを植民地として支配したオランダを打破《うちやぶ》り、インドネシアの独立を導いた。インドネシアは世界有数の親日国だが、インドネシア人が最も尊敬する日本人が今村である。

今村はその後、第八方面軍司令官としてラバウルを守ったがここに難攻不落の要塞《ようさい》を築き、原始林を切り開き七千町歩の畑を作り食料の自給に成功、終戦までの二年九ヵ月間、アメリカ軍の進攻を見事に阻《はば》み抜いた不敗の名将であった。太平洋各島の日本軍は補給を絶たれた中で食料と弾薬の不足に苦しみ、玉砕《ぎょくさい》に次ぐ玉砕の苦闘・死闘をしたが、唯一ラバウルのみ米軍を寄せつけなかったのである。軍将として今村の指揮統率能力は比類なく傑出《けっしゅつ》していた。

しかし終戦後、今村はオーストラリアとオランダ両国の戦争裁判において「戦犯《せんぱん》」として裁かれた。それは裁判の名に値しない無法不正な復讐《ふくしゅう》裁判であった。ことにインドネシアの植民地支配をたたき破った今村へのオランダの憎悪《ぞうお》は激しく今村を死刑にしたかったが、独立戦争によるインドネシア独立という新たな状況を迎えた為、裁判を打ち切らざるを得ず無罪となった。ところがそのあとオーストラリアは無実の罪を捏造《ねつぞう》して、今村を十年間の禁固刑《きんこけい》にした。

昭和二十九年十一月出獄した今村は以後十四年間、部下の戦死者・刑死者の慰霊、並びにその遺族、旧部下の生活の援助、種々の世話のために余生の全《すべ》てを捧げた。今村を知る多くの人々は、無私の心で慈愛の限りを尽す晩年の今村は後光《ごこう》が射《さ》していたと語っている。人々は今村を「昭和の聖将」「昭和の乃木《のぎ》大将」とまで仰いだが、今村は昭和を代表する偉人の一人である。

この今村を育て上げたのが、母の今村きよみである。父は今村虎尾《とらお》、伊達藩士で明治維新後辛苦《しんく》を重ねたが独学で裁判官の資格を得て各地の裁判所に勤務した。とても温厚な慈悲深い人物であった。頭脳はきわめてすぐれ暇さえあれば漢詩を作っていた。母きよみは伊達藩士の娘で、父は日清戦争に従軍した陸軍大尉だったが、きよみの幼少時に亡くなった。十七歳のとき虎尾と結婚して六男四女（そのうち男子一人は夭折《ようせつ》）を授かり、九人の子供を立派に育て上げた。虎尾が四十七歳で亡くなって、七人（二人の女子は既に結婚）の子供が残されたが、苦労の限りをつくして養育した。軍人の娘であったきよみは男まさりの気《き》丈《じょう》さをもち艱難《かんなん》に耐え忍ぶ強い性格を持っていた。子供たちの躾《しつけ》はとても厳しかった。今村は父と母のすぐれたところを受け継ぐのである。

晩年聖将《せいしょう》と仰がれた今村だが、幼少時は元気一杯の負けず嫌いの餓鬼大将《がきだいしょう》であった。ところが今村には泣き所が一つあった。それは寝小便で九つの時まで治らなかった。友達に「寝小便たれ」と言われたときなど、相手がいかに年上でもとびかかっていった。夜中に五、六度も便意《べんい》をもよおすという特異な体質でそれは晩年まで変らなかった。そのため寝不足で昼間いつも居眠りしては、先生に叱られて立たされることがしばしばあった。しかし父譲りの頭脳はずば抜けてすぐれ、小学・中学・陸軍士官学校・陸軍大学校いずれも最優秀であった。

まだ寝小便が治らない時の話である。今村は本を読むことが大好きだったが、兄弟が多いので毎月の小遣いは十銭だけで二冊以上本は買えなかった。ある日、今村を可愛がってくれた担任の藤田先生が、「これで本を買ってお読み。他の者には黙っておいで」と二十銭銀貨をくれた。喜んだ今村は早速《さっそく》本を買い家に戻ると、母に「その本はどうしたのです」と聞きとがめられた。わけを話すときよみは厳しい顔で、

「よそのおかたからただお銭《ぜに》をいただくのは乞食《こじき》さんと一緒です。さ、すぐにお返ししてきなさい」

と二十銭銀貨を渡した。今村が、

「あした学校でおかえしすればいいでしょ。先生のお家は遠いんだもの」

と言うと、

「いいえ、いけません。さ、すぐに行くのです」

と母は今村を押し出した。人間がいわれなく他人からお金をもらうことは乞食の為《な》すところであり、それは恥ずべきことであり立派な人間のすることではない。今直ちに返しに行きなさいという母きよみの教戒《きょうかい》（いましめ）であった。後年、今村はこうのべている。

「父がむずかしい漢字の詩だけ作っており、一切子供を叱らない為か、お母さんはとても厳しい。私は学校でも町の仲間とでも特に兄や姉とはよく喧嘩《けんか》をしてすぐに手出しをするので、一番〝悪たれ小僧〟と見られ、それに寝小便で毎晩布団を汚《よご》すので母の風当たりはとくに強かった。母はどことなくこわかったし、それにとても力が強いので反抗するよう

な気持は起きず、しかたなしにまた二千メートル以上もはなれた府中（甲府市内）にある先生の自宅に出かけた」

今村は母のいいつけを話してお金を返した。すると藤田先生はこう言った。

「そうか。銭でなしに本にしてやればよかったな。父兄会でおまえのお母さんとは二度会っている。先生も頭がさがるような偉いお人だ。立派なお母さんをもって仕合《しあわ》せだ。私は学校の往《ゆ》きかえりにおうちの前を通り、時々お母さんのお声をきく。おまえの寝小便のことも兄さんたちの声で知っている。よくお母さんに叱られるようだな。

寝小便なんか、恥ずかしがらんでもいい。もっと大きくなればきっと治る。世の中でいちばん有難いものは、お母さんの子に対するお心だ。お母さんのお叱りは、ただおまえを良くしようとのためのものだ。よくいいつけをお守り」

嬉《うれ》しくてか、悲しくてかわからない涙がしばらくとまらなかった。生涯忘れがたい藤田先生の思いやりに満ちた励ましであった。このあと一晩泊りの河口湖遠足に今村は行かない届けを出していたが、藤田先生は「あしたお母さんにお会いし、行くことにしていただこう。心配しないでいい」と言ってくれた。旅館では先生のとなりに寝かされ一晩に四、五へん起こされて便所に連れてゆかれた。おかげで寝小便をしなくて済んだ。帰って母に伝えると、きよみは眼に涙を浮かべて言った。

「なんて藤田先生はご親切なかただろう。一晩中おやすみにならないで、あんたのお寝しょうを用心していて下さったのですよ。このご恩を忘れては罰《ばち》があたります……」

今村は「私の先生に対する尊敬と感謝とは絶対のものとなった」とのべている。この時代、このような教師がわが国には少なからずいたのである。

ようやく寝小便が治ると今村は全《まった》くひけ目がなくなり、益々がき大将ぶりを発揮した。友達や下級生を指図《さしず》して色々なことをやったが、みな今村によく従った。人々を指導する長としての素質が年少時より備わっていたのである。こうしていたずら、悪《あく》たれをかなりやった。

山梨は葡萄《ぶどう》の産地だが、十歳ごろ今村は五、六人の子分をひきつれて葡萄畑にしのびこみもぎとることをまるで遊戯の気持でくり返した。後年《こうねん》の「聖将《せいしょう》」も子供のときはこうだったのだ。その葡萄の味は店先で買うものより幾倍もおいしかったといっている。

ところが五回目についにつかまった。若いお百姓はかんかんにおこり、今村のえり首をつかまえて今村の家に案内させ、母のきよみにわけを話した。きよみは平《ひら》謝《あやま》りに謝りお札を紙に包んで渡した。母は「さ、あんたからもお詫《わ》びしなさい。もう決して悪いことはしないと申しなさい」と言った。今村はおじぎして「ご免《めん》なさい。もう畑に入りません」とあやまった。

そのあときよみは、手拭《てぬぐ》いで今村の両手をきつくしばりつけ手の甲《こう》を強くひねって言った。

「この手ですか。ひとさまのものを盗んだのは……。あんたのお父さんの役目を知っていないのですか。もうお父さんはお役所（裁判所）をおやめにならなけりゃなりません。あんたのようなぬすびとを家から出しましたので……」

きよみは涙を流しながら今村の腰のあたりを何度もたたいた。これまで寝小便や兄弟げんかでよく叱られていたから叱られることに馴《な》れていた。ところがこの時は違った。こう語っている。

「それが今日の母の一切《いっさい》は厳しく私の心に迫り、〝こんなにおそろしいお母さんだったのか〟という恐怖でがたがたと体が震え出した」

夕方、父が帰宅して言った。

「悪いことをしたことがよくわかったか」

「わかったよ」

今村はこうのべている。

「お母さんがどんなに子供を叱ってもいつもニコニコと眺めており、決して子を叱らない父は今日だけはちっともにこっとしない。〝とても悪いことをしたのだな〟という自覚が生じた」

今村は父に向って言った。

「僕、悪かったとわかりました。もう決して人の物なんか盗《と》りません」

「わかったらそれでよい。下に行ってお母さんにお詫びするんだ」

父は手拭いをほどいてくれた。今村はこれほどの〝悪たれ小僧〟で両親に心配をかけたが、父母ことにきよみの厳しくあたたかい愛情によって、それから段々変り反省心の強い人間になり、壮年から晩年にかけて万人から敬愛されてやまない人格を玉成《ぎょくせい》（立派な人物に育てること）した。きよみは一番親に心配をかけた今村をやがて最も頼りにした。全《まった》くこの母がいて今村は立派な人物になりえたのである。

4

松尾まつ枝（松尾敬宇・母）

大東亜《だいとうあ》戦争が始まった翌年昭和十七年五月三十一日、日本海軍の二人乗りの特殊潜航艇《とくしゅせんこうてい》は、オーストラリアのシドニー湾に突入、敵軍艦を撃沈《げきちん》せんとした。三隻の潜航艇が出撃したが、最初に発進した艇（中馬兼四《ちゅうまけんし》海軍大尉・大森猛《おおもりたけし》一等兵曹）は途中で防潜網《ぼうせんもう》に引っかかって身動き出来ず、壮烈《そうれつ》な自爆を遂げた。続いて伴勝久《ばんかつひさ》中尉と芦辺守《あしべまもる》一等兵曹の艇は湾内の一軍艦を撃沈した後、直ちに引返《ひきかえ》そうとしたが敵の砲撃を受けて艇は損傷、海底深く沈んだ。第三番目が松尾敬宇《まつおよしたか》大尉（攻撃隊の指揮官）と都竹正雄《つずくまさお》二等兵曹の艇だが、松尾艇はオーストラリア海軍による爆雷攻撃により身動きが出来ず、ついに艇を自沈《じちん》させ二人は拳銃で頭を撃ち抜いて自決《じけつ》したのである。

　戦果は撃沈軍艦一隻ではあったが、この大胆不敵、勇猛無比《ゆうもうむひ》の日本軍人の行為は、オーストラリア海軍に強い衝撃と感銘を与えずにはおかなかった。オーストラリア海軍が松尾艇と中馬艇を引《ひ》き揚《あ》げるとき、彼らが両艇にいかに相対《あいたい》したか、オーストラリアの新聞はこう伝えている。

「艇がゆっくり水面に姿を現わすと、居あわせた人々は静かに帽子を脱ぎ、敬虔《けいけん》な敬礼を贈った。艇内におるであろう日本海軍軍人の遺体に対して……」

そのあとシドニー地区海軍司令官ムアヘッド・グールド少将は遺体を収容し四人の日本海軍軍人に対して、海軍葬の礼をもって弔《とむら》った。敵国軍人に対する海軍葬に対して非難の声が上がったが、グールド少将はこう答えた。

「かくのごとき勇敢なる軍人に対し、名誉的儀礼を与えてはならぬとするのか。勇気は一特定国民の所有物でも伝統でもない。これらの海軍軍人によって示された勇気は、誰によっても認められかつ一様に推賞《すいしょう》せられるべきものである。これら鉄の柩《ひつぎ》（特殊潜航艇）に入って死地に赴《おもむ》くには最高度の勇気がいる。これら勇士の行った犠牲の一千分の一の犠牲を捧げる準備のあるオーストラリア人が幾人いるだろうか」

オーストラリアには連邦戦争記念館がある。ここには自国の為に戦って亡くなった十万二千人の人々の名前が青銅の壁に彫りこまれている。オーストラリア国民にとり「聖地」とされる所である。この記念館正面の左側芝生《しばふ》に、引き揚げられた特殊潜航艇が安置されている。二隻の前部と後部を組み合わせたものである。さらにこの記念館には、松尾中佐（二階級特進）の腹に巻かれていた千人針《せんにんばり》が安置されている。これは中佐の姉ふじえが心をこめて作ったもので、「祈る武運長久《ぶうんちょうきゅう》　佐伯シメ」以下家族の名前が墨で書かれている。

戦後二十三年たった昭和四十三年、中佐の母、松尾まつ枝はオーストラリアを訪問した。まつ枝は八十三歳だったが姉のふじえとオーストラリア訪問に全面的に尽力してこの実現をはかってくれた松本唯一《まつもとただいち》熊本大学名誉教授が同行した。まつ枝は熊本県山鹿《やまが》市に住んでいた。

まつ枝は四月二十八日、オーストラリア海軍の船で案内された特殊潜航艇が沈んだあたりで、花束と日本酒と色紙を海中に投げ入れて慰霊した。松尾中佐を含めて四人の遺体は昭和十七年に日本に戻ったが、伴艇《ばんてい》の二人は遺体が上がらなかった。まつ枝は大声で叫んだ。

「伴《ばん》さーん、芦辺《あしべ》さーん……」

そのときまつ枝の詠《よ》んだ歌がこれだ。

荒海の　底をくぐりし　勇士らを
　今ぞたたえめ　心ゆくまで

　五月一日、キャンベラに行ったが、コートン首相とケリー海相がまつ枝を親しくねぎらった。コートン首相は、「お母さんは立派なご子息を持たれてうらやましい気がします。あなたのお子さんは我々オーストラリア国民に、真の勇気とは何であるのか、真の愛国心とは何であるかを身をもって示して下さった。心から感謝します」と松尾中佐たちを讃えた。新聞はまつ枝の一挙手一投足を連日一面に報じた。そのあと戦争記念館へ行き、特殊潜航艇と対面した。まつ枝は艇により添い右手で艇をなで回した。顔は蒼白《そうはく》となり右手は大きくわななき、涙は滂沱《ぼうだ》とあふれた。まつ枝は激しくしゃくり上げながら、艇の裂け目にふるさとの小さな花束を差しこみ、菊池神社から頂いてきた清酒を万遍《まんべん》なく艇に注いだ。

　そして千人針との対面である。館長がまつ枝を椅子に坐らせて白木の額《がく》ぶちに入った血染めの千人針を抱《いだ》かせた。まつ枝の手と体は小刻《こきざ》みに震えた。千人針の上にポタポタと涙が落ち、椅子から転《ころ》げ落ちそうになって、館長の手にしがみついた。カメラマンたちのシャッターを切る音がとだえた。静まり返った部屋でまつ枝を抱きしめている館長の嗚咽《おえつ》が耳朶《じだ》を打った。千人針《せんにんばり》はコートン首相らの厚意と特別のはからいでまつ枝に返された。

松尾敬宇《まつおよしたか》大尉は昭和十七年三月二十九日、呉《くれ》で両親、兄弟の五人で最後の別れをした。旅館に泊まったとき女中が床《とこ》を五つ敷いた。すると大尉は四つにしてくれと頼んだ。「今夜はお母さんと一緒に寝る」ともらした。二十六歳で独身（婚約者がいた）の大尉は、最後の一夜を母に抱いて貰《もら》って寝たのである。まつ枝はこの忘れがたき一夜のことをこう語った。

「敬宇《よしたか》を抱いて寝たあの夜のことを思うと、今も胸がジーンと締めつけられるように熱くなります。あの時の息子の肌のぬくもりが今も忘れられません」

大尉はいよいよシドニー湾に向って出撃する時、遺書を書いた。

「先に第一回特別攻撃隊指揮官付《づき》として、更に此度《このたび》は○指揮官として光栄ある任務に就《つ》く。男子の本懐是《ほんかいこれ》に過《す》ぐるものなし。天皇陛下の御稜威《みいつ》の下《もと》、天佑神助《てんゆうしんじょ》を確信し誓って成功を期す。顧《かえり》みれば生《せい》を享《う》けて二十有余年、寸時《すんじ》も御両親の御心を安んじ奉《たてまつ》る暇《いとま》もなく果《は》つるも、此度《このたび》の有難き任務に就《つ》く私、最後の孝行と御褒《おほ》め下され度《たく》候《そうろう》。今日迄御世話に相成《あいな》り候《そうろう》郷里の皆様を始め、私を今日あらしめた諸先生、先輩、同僚等へ宜敷《よろし》く御伝え下され度《た》く候《そうろう》。

五月二十七日

敬宇拝

父上様」

大尉は山鹿中学から海軍兵学校に進むが、母校の担当教師は松尾を「男の中の男、男らしい男とはこんな男をいうのだろう」と賞め讃えてやまなかった。

五月七日、帰国の際、滞在中の世話をしてくれたロバーツ中佐が眼をうるませてまつ枝に何度も接吻《せっぷん》しかき抱《いだ》いた。幾筋もの涙がまつ枝の頬に流れた。五月八日、無事帰国したときこう詠んだ。

三十年《みそとせ》の　長き願ひの　お礼ごと

はたして安し　けふの喜び

松尾敬宇《まつおよしたか》中佐と母まつ枝は異国の人々にかくも深い感銘を与えた。中佐のような真に忠誠にして剛勇の軍人が生まれたのは、まつ枝という立派な日本の母がいたからである。

君がため　散れと育てし　花なれど
　嵐のあとの　庭さびしけれ

靖国《やすくに》の　社《やしろ》に友と　睦《むつ》むとも
　折々《をりをり》かへれ　母が夢路《ゆめぢ》に

5 小野 磯（山岡鉄舟・母）

明治維新《めいじいしん》を成就《じょうじゅ》した第一人者西郷隆盛《さいごうたかもり》が、武士の中の武士、男の中の男と惚《ほ》れこんだのが山岡鉄舟《やまおかてっしゅう》である。『西郷南洲遺訓《さいごうなんしゅういくん》』にある「命もいらず、名もいらず、官位も金もいらぬ人は始末《しまつ》に困るものなり。この始末に困る人ならでは、艱難《かんなん》を共にして国家の大業《たいぎょう》は成し得られぬなり」（地位、名声、金の誘惑に負けず心を移さずに、国家の大事においては自分の命も惜《お》しまない。つまり私利私欲を離れて、国家のため、世のため人のためにいかなる艱難辛苦《かんなんしんく》にも挫《くじ》けず自己の誠を捧げることの大切さ、尊さをのべたもの）は、山岡鉄舟のことをのべたものと言われている。

鉄舟を敬愛した西郷は、幕臣《ばくしん》だった鉄舟を明治天皇の侍従《じじゅう》に推挙《すいきょ》した。鉄舟は十年間奉仕したが、明治天皇のご信頼、ご親愛は格別なものがあった。勝海舟もまた鉄舟を敬愛して、「山岡鉄舟という称号は、武士道の代名辞《だいめいじ》だ。真に日本人の標本だ」「天下の傑士《けっし》、日本の忠臣《ちゅうしん》」「明治の和気清麻呂《わけのきよまろ》」と賞《ほ》め讃《たた》えている。

　鉄舟《てっしゅう》の両親はともに立派な人だったが、ことに母小野磯《おののいそ》の感化が大きかった。磯は鹿《か》島《しま》神宮神官《しんかん》の娘で神仏への信仰厚く慈悲心が深かった。その母の血を受けた鉄舟は年少時より観音《かんのん》信仰を持った。十五歳のとき父小野高福《おのたかよし》（幕臣《ばくしん》、飛騨高山で郡代《ぐんだい》をつとめた）の代参《だいさん》で伊勢神宮に参拝したが、このとき天皇を戴《いただ》く日本の国柄《くにがら》、国体《こくたい》につき深い感激を受けた。鉄舟の尊皇愛国の精神は年少時からの筋金入りのものであった。

　鉄舟が八歳の頃、母・磯のもとで手習い（文字の書き方を習うこと、習字）をしていた時、本の中に「忠孝《ちゅうこう》」の二字があった。鉄舟は母に「忠孝とは何ですか」とたずねた。磯は「忠という文字はその使い方によってそれぞれ意味が違うが、ここでは主君《しゅくん》に事《つか》える心の正しきことで、孝とは父母に事《つか》える意味です。忠と孝とは言葉は違っても本来同根《どうこん》（根本が同じであること。一体なこと。忠孝一本《いっぽん》ともいう）のものです。人としてこの世に生きて行く上には、必ずこの忠孝の道理《どうり》をしっかりと身につけなければ人として生まれた甲斐はなく、また人間としての資格はないのです」と懇《ねんご》ろに説き聞かせた。

　すると鉄舟は「お母様は常に忠孝の道をお守りになりますか。また私はいかにして忠孝の道を尽すことが出来ますか」と尋ねた。磯ははらはらと涙をこぼしてこう答えた。

「おお、鉄よ、よく尋ねてくれた。母は常日頃忠孝の道を心掛けているけれども、つまらぬ母でいまだこれというほどつくすこともなく誠に残念に思っています。お前は幸いに五体満足《ごたいまんぞく》に生まれついたから、必ず必ず母の教えを忘れてはなりません。忠孝の道は遠大にして、いまお前に申し聞かせてもすぐにたやすくは理解できません。今日から忠孝の道をしっかり学び真剣に修業するならば、他日自然に了解するでしょう。必ず必ず忠孝の道の修業を打ち棄《うす》ててはなりません」

この母・磯の真心をこめた尊い教訓が、鉄舟の肺腑《はいふ》の底に浸《し》み渡り骨髄《こつずい》に深く刻《きざ》みこまれるのである。まことにも立派な母であった。

大東亜《だいとうあ》戦争に敗れてアメリカの占領統治を受けた昭和二十年以降今日までわが国の教育が大きく歪《ゆが》められて、忠や孝は古くさい間違《まちが》った封建的な道徳として否定され顧《かえり》みられなくなったが、それが現在の社会と人心の荒廃をもたらした根本的要因であった。本当に立派な日本人はみな忠孝の道を生涯実践したのである。子供に年少のときからしっかりと教えなければならない人間の道の根本が、忠孝の道である。

鉄舟が十六歳のとき母・磯は四十一歳で亡くなる。母を深く慕ってやまなかった鉄舟は、毎日墓参し五十日間お経を読んで冥福《めいふく》を祈った。それは夜が白々《しらじら》と明けるまで続けられたが、伝え聞いた人々みな鉄舟《てっしゅう》の孝心《こうしん》に感動しない者はなかった。
鉄舟は十五歳の時、自ら「修身《しゅうしん》二十則《そく》」を作り、それを座右《ざゆう》の銘《めい》として日々つとめた。
次の通りである。

一、君の御恩《ごおん》は忘るべからず候《そうろう》。
一、父母の御恩は忘るべからず候。
一、師の御恩は忘るべからず候。
一、人の御恩は忘るべからず候。
一、神仏並びに長者《ちょうじゃ》（年長者、長老、身分の尊い人、徳の厚い人）を粗末《そまつ》にすべからず候。
一、嘘言うべからず候。
一、腹を立つるは道にあらず候。
一、力の及ぶ限りは善き方《ほう》につくすべく候。
一、食するたびに稼穡《かしょく》（農業）の艱難《かんなん》を思うべし。すべて草木土石にても粗末にすべからず候。
一、礼儀を乱るべからず候。
一、何時《いつ》何人《なんぴと》に接するも客人に接する様《よう》に心得《こころう》べく候。

一、己《おの》れの知らざる事は何人《なんぴと》にもならうべく候。
一、己れの善行を誇り顔に人に知らしむべからず。すべてわが心に恥じざるに務むべく候。
一、名利《みょうり》の為に学問技芸すべからず候。
一、他をかえりみずして自分の好《よ》きことばかりすべからず候。
一、幼者《ようしゃ》をあなどるべからず候。
一、己れに心よからざることは他人に求むべからず候。
一、殊更《ことさら》に着物を飾りあるいはうわべをつくろうものには、心ににごりあるものと心得べく候。
一、人にはすべて能不能《のうふのう》あり、いちがいに人をすてあるいはわらうべからず候。
一、何事も不幸を喜ぶべからず候。

満十三歳の決意である。同世代の橋本左内《さない》も数え年十五歳のとき『啓発録《けいはつろく》』を書いている。江戸時代のすぐれた人物はみなこのように少年期より立派な人間、日本人たらんとして修養に励んだが、そこにすぐれた母親の深い感化が決定的といってよい役割を果たしているのである。

6 嘉納定子（嘉納治五郎・母）

わが国を代表する武道の一つが柔道であり今日世界中で人々に愛好されている。その柔道の創始者は誰かと聞かれて答えられる人は少ない。嘉納治五郎《かのうじごろう》という名は知っていても、嘉納がいかにすぐれた人物であったかを知る人はさらに少ない。

嘉納は神戸で代々酒造りを営む豪商の家に生まれた。ここで造られたのが灘《なだ》の酒である。嘉納はやがて上京、東京大学で政治学と理財学《りざい》（経済学）を学んで卒業、明治十五年二十三歳の時に柔道を創始した。嘉納は東大入学後、学問のかたわら古くからあった柔術を熱心に学び、柔術諸流の長短につきよく調べこれに改良を加えて柔道を編《あ》み出したのである。「柔道」と名づけたのはわけがあった。それは単に格闘技《かくとうぎ》として勝負を争うことを目的としなかった。勝負の法のほかに体を鍛えることと心を練る精神の修行を含んでいた。勝負と体育と修養の三つの目的を掲《かか》げ、柔道の修行を通して一人一人の徳性《とくせい》を磨《みが》くことに最も重きをおいた。柔道は人格を高め上げる為の一つの修行であり、その修行の場を「講道館《こうどうかん》」と名づけたのである。わが国では格闘技である武術も「道」にまで高め上げられるのである。

明治十五年といえば、「文明開化」が一世を蔽《おお》い、翌年は鹿鳴館《ろくめいかん》が出来、毎日のように宴会や舞踏会が行われた欧化主義の全盛期である。唯一の大学である東京大学の出身者は「末は博士か大臣か」とその将来を嘱望《しょくぼう》された時代である。柔術など封建時代の遺物《いぶつ》として誰も振り向きもしない時世《じせい》の中で、東大出の若い学士が柔道をつくり上げたのであった。柔道はまたたくまに全国に広まり、明治後半期早くも欧米に伝えられ、以後大発展を遂げやがてオリンピックに採用されるのである。

嘉納は講道館柔道の主宰者《しゅさいしゃ》であるとともに教育者であり、東京高等師範学校（現筑波大学）校長を二十四年間も務めた。他には日本体育協会会長、国際オリンピック委員会委員（唯一人の東洋人）をつとめ、一人で三、四人前ほどの仕事をした近代日本の代表的偉人の一人である。

この嘉納に深い影響、感化を与えたのが両親ことに母の嘉納定子《かのうさだこ》である。父の次郎作《じろさく》は嘉納家の養子となったがすぐれた人物で、やがて徳川幕府の回船方《かいせんがた》という仕事をつとめ運《うん》輪《ゆ》に携《たずさ》わる。そのあと神戸に海軍操練所《かいぐんそうれんじょ》を作った勝海舟《かつかいしゅう》に知られ深く信頼される。明治維新後は新政府につかえ海軍省で活躍した。次郎作《じろさく》は大阪や江戸・東京で公務に尽したからほとんど神戸の家にはいなかったが、治五郎《じごろう》は国のため人の為に奔走《ほんそう》する父を尊敬し、こうした父を持ったことを強く誇りに思った。母の定子《さだこ》がいつも「お父さまは国の為、人様の為につくしているのですよ」と教えたからである。

定子は次郎作の留守を守り多くの人を使って酒造りをしながら、子供を甘やかさず厳しく育てた。広大な嘉納《かのう》の屋敷にはいつも近所の子供たちが遊びにやってくるが、定子は家の身分、貧富などを区別せずみな仲よく遊ばせた。治五郎は良家の坊ちゃんだったが、誰とでも親しくつき合う円満な人柄を作り上げたのは全《まった》く母の教育のお蔭《かげ》であった。定子は子供たちによくお菓子を与えたが、数が揃《そろ》っていない時はよい菓子をよその子供に、わが子は後回しで悪いのを与えた。嘉納は晩年子供らにこう語っている。

「これは人の上に立つ者は人より先に苦しみ、人より後《おく》れて楽しみを受けるべきで、人間として生まれてきた以上は他の為に尽すということを忘れてはならないという母の訓《おし》えだった。こういった無言の訓《おし》えは子供心にも強く深く染《し》みこんだ」

またこの母につきこうのべている。

「私は十歳の時に母に死別したが、母はまことに慕《した》わしい人であったがまた怖《こわ》い人でもあった。普通はとても可愛がってくれたが、私が何か間違ったことをした時はどこまでもとがめ、心から悪かったと反省して詫《わ》びるまで絶対に赦《ゆる》してくれなかった。母は常にみんなの為にと言って、他人のことに自分を忘れて尽していた。誰にこうしてやろうとか、あの人が気の毒だからしてあげようなどとよく言っていたのを覚えている。私が人の為に尽そうという精神になったのは、この母の感化《かんか》だ」

嘉納は還暦《かんれき》を迎えた時の祝賀の宴《えん》でこう語っている。

「私が今日こうして皆さんの前に立てるのも、幼いころからの母の庭訓《ていきん》(家庭での教訓)と父の国に対する実行があったからであります。母の訓《おし》えを受け、父の国家に尽す姿を見て、その訓《おし》えを肌に感じていたので、自分もすべてを捧げて世のために尽そうと決心したのであります」

年少時、子供は母とともにいる時間が長いから、よきにつけあしきにつけて母親の感《かん》化《か》、影響を強く受ける。十歳で母と別れたが、治五郎に与えた母の感化はかくも深かったのである。

嘉納の次男で講道館第三代館長となった嘉納履正《かのうりせい》は父の死後、こう語っている。

「私の見た父の一番尊ぶべき点は、〝世の為、人の為に尽したい〟という純乎《じゅんこ》たる（純粋な）志《こころざし》でありました。父は柔道の普及とともにその一生を師範教育または国民体育の向上に捧げましたが、……常住坐臥《じょうじゅうざが》、思いは世の為に尽したいというのが一生の志であって、これに加えるに不退転の積極精神こそ父の背骨《せぼね》であったと私は信じています。父は自己を忘れ、ただ世を思うという国士《こくし》（国の為に尽す人物）の風格（品格、すぐれた人格）があったと痛感するのであります」

子供からここまで慕われ尊敬を受ける父は立派である。嘉納治五郎《かのうじごろう》がかくも意義ある人生を送りえたのは、ひとえに両親ことに母・定子《さだこ》の「他人のことに自分を忘れて尽す」無言の訓《おし》えが心の奥底に強く染みこんでいたからであった。この母があったから、世界的偉人というべき嘉納治五郎が出現したのである。

7

杉 瀧子（吉田松陰・母）

明治維新《めいじいしん》において実に数多い尊皇殉国《そんのうじゅんこく》の志士《しし》が輩出《はいしゅつ》したがその背後にあるのが、多くのすぐれた母や妻であった。その最たる一人が吉田松陰《よしだしょういん》の母・杉瀧子《すぎたきこ》である。吉田松陰ほど純情、無垢《むく》、高貴、慈愛《じあい》の人格者は国史上ほとんどいないが、この松陰に最も大きな感化薫陶《かんかくんとう》を与えたのが母・瀧子である。

二十歳のとき杉百合之助《すぎゆりのすけ》と結婚したが、わずか二十三石《ごく》という小禄《しょうろく》の中で三男三女を育て上げ、両親に仕《つか》え夫を支え多くの家族（夫の二人の弟、姑《しゅうとめ》の妹など）の世話をしながら、労苦を厭《いと》わず質素勤勉そのものの生涯を送り、あらゆる家庭的艱難辛苦《かんなんしんく》を嘗《な》め尽《つく》して明治二十三年八十四歳で亡くなった。まさに家のため夫のため子女のために身も心も捧《ささ》げた女性で、良妻賢母《りょうさいけんぼ》、日本婦人の典型であった。

杉家ほど親子兄弟姉妹が仲睦《なかむつ》まじかった家族は少ない。いつも和気靄々《わきあいあい》たる空気が流れたが、その中心にいたのが瀧子《たきこ》である。瀧子ほど深い愛情、やさしい心を持ちしかも忍耐強くいかなる困苦《こんく》にも挫《くじ》けず不撓不屈《ふとうふくつ》の努力を惜しまず、明朗さを決して失うことなく家族の者を柔らかく温かく包容する女性はそういない。瀧子は杉家の太陽であった。松陰《しょういん》は明朗そのものであったがそれは母の直伝《じきでん》である。それゆえ子供たちはこの母を深く慕ってやまずみな親思いであった。瀧子はこう語っている。

「寅次郎《とらじろう》(吉田松陰《よしだしょういん》の通称)は小さい時から親思いで、父母に心配をかけたり気を揉《も》ませるといったようなことはなかった。何一つ小言のいいようのないごく手のかからぬ子供であった」

母の子供たちへの愛に差はないが、瀧子が最も心にかけたのは松陰である。松陰は鎖国《さこく》の禁を犯して渡海せんとして失敗、刑死を免《まぬか》れたものの野山獄《のやまごく》に入れられた。そうして最後また獄中の人となり死刑にあったから、瀧子の心労は尽きることがなかった。

松陰が最初に野山獄中の人になったとき、杉家は家族あげて松陰を支援した。季節折々の食べ物、果実、衣類(下着、綿入れの着物など)、湿気を防ぐため蒲団の下に敷く渋紙《しぶがみ》などの見舞品の数々、そして獄中で読むための数多くの書物などすべて瀧子のあたたかい配慮により行われた。書物の入手と差し入れ、見舞品の運び役は兄の梅太郎である。松陰は行動の自由を許されぬ牢獄生活ではあったが、母と家族の心尽しの慈愛の中にいたのである。

一年二ヵ月後、松陰《しょういん》は自宅に帰ることを許されて、ここに松下《しょうか》村塾《そんじゅく》の教育が始まる。約二年三ヵ月の短期間だったがここから久坂玄瑞《くさかげんずい》、高杉晋作《たかすぎしんさく》を始めとする幾多《いくた》の志士が輩《はい》出《しゅつ》する。吉田松陰の名を国史《こくし》に不朽《ふきゅう》ならしめた松下村塾の教育において、陰《かげ》ながらこれを支えた瀧子の働きもまた忘れられてはならない。瀧子は実に松下村塾の慈愛の母であった。

松下村塾の塾生にはここに短期間寄宿して学ぶ者もいれば、昼や晩に食事をして学ぶ若者もいた。塾生たちの炊事や起臥《きが》の生活において、何かにつけ心にかけて世話し面倒を見たのが瀧子である。通学生の中には昼や夕方の弁当に握り飯などを持参する者があるが、瀧子はいつも彼らに沢庵漬《たくあんづけ》や野菜の煮物などを与えた。塾生の一人品川弥二郎《しながわやじろう》は村塾に住みこんで自炊した。品川は貧しかったから、いつも少しのご飯だけで副食物などなかった。松陰は気の毒に思い、

「お母さま、品川は可愛そうに苦学しています。このおかずを持って行ってやって下さい」

というと瀧子は、

「それを分けてやらなくてこちらに沢山《たくさん》あるから、お前はそれをお上《あが》り」

と言った。後年、品川は村塾のことを追懐《ついかい》するたびに瀧子《たきこ》の塾生への情愛につき涙を流して語った。

また瀧子はよく風呂をわかして塾生をもてなしたが、それは塾生が最も喜んだ一つであった。村塾にはいつも何人か寝泊まりしていたが、みな十代後半から二十代始めの年若い連中で着物の洗濯などは怠《おこた》りがちである。瀧子はいつもやってきては汚れ物を出させ持ち返り洗濯した。村塾では夜遅くまで松陰《しょういん》の講義や討論会など行われることがあるが、そうしたとき瀧子は熱い番茶や煎豆《いりまめ》やかき餅を用意して振舞《ふるま》うのが常であった。

村塾は一年中ほとんど休みなしである。一定の日課、教授時間もなく、塾生がやってくれば松陰がいつでも応ずるのである。月謝もなく杉家と松陰の自弁《じべん》である。松陰がいそがしかったのはいうまでもないが、瀧子は松陰以上に尽くしたのである。瀧子は村塾生をわが子のような深い情愛を以《もっ》て世話した。塾生たちは「杉のおばさま」と母のように敬慕し甘えたのである。

松陰は村塾で教えるかたわら、杉家の女性（兄嫁、妹たち）のために家庭の母、妻としていかにあるべきかしばしば講義している。松陰は女性教育についてもすぐれた見識を持っていた。生涯女性に触れることなく女性知らずの松陰がなぜこれが出来たかというと、母の瀧子がそばにいたからである。松陰は母・妻の鑑《かがみ》たる瀧子を真に敬慕していたから、瀧子を女性のお手本として講義したのである。杉家で松陰の講義が始まるとき、瀧子は、

「さあ大さん（大次郎・松陰）の講義が始まった。皆行って聞きましょう」

と言って先頭に立ち、娘やその遊び友達をつれて講席につくのが常であった。

全《まった》く頭の下《さが》る母と子であった。瀧子は松下村塾の慈母そのものであった。松下村塾は松陰と母の二人三脚であったのである。

徳川幕府がハリスに威嚇《いかく》されて、不平等条約である日米修好通商条約《にちべいしゅうこうつうしょうじょうやく》を違勅調印《いちょくちょういん》（孝明天皇の詔勅《しょうちょく》に違反して調印したこと）したとき、吉田松陰《よしだしょういん》は激怒《げきど》して立上《たちあが》ろうとしたが幕府を恐れる長州藩政府により、再び野山獄《のやまごく》にたたきこまれた。松陰はこの時、日本滅亡の大国難《だいこくなん》到来と観じて、絶食して死のうとするのである。それほど思い詰めたのである。それを知って深く驚き悲しんだ瀧子は涙を払《ぬぐ》って一書を送った。

「一寸申《ちょっともう》し参《まい》らせ候《そうろう》（少し申しおくります）。そもじ様（あなた様）いかがお暮《くら》し成《な》され候《そうろう》や。さきほどに不慮《ふりょ》のこと（思いがけないこと。松陰《しょういん》の絶食）、うすうす耳に入り、あまり気づか

しさに(とてもとても心配して)申し進めまいらせ候《そうろう》(この手紙を書くことにしました)。きのうより御食事お絶ちとか申すことのよし驚き入り候。万一それにてお果《は》て成され(死ぬこと)候ては、不幸大一(最も大きな親不幸)、口惜《くちお》しき(残念無念)次第に存じまいらせ候。母事《ははこと》(瀧《たき》子《こ》のこと)も病い多く弱り候。長生《ながい》きも難しく、たとえ野山屋敷(野山獄《のやまごく》)においで候ても、ご無事にさえこれあり候えば、せい(勢)になり力になり(松陰が生きてさえおれば瀧子にとり生きてゆく力になるという意味)申し候まま、短慮《たんりょ》おやめお永《なが》えのほど祈りまいらせ候。この品(庭の柿、つるし柿)わさわざととのえさし送り候まま、母に対しお食べ頼みまいらせ候。いくえもいくえもお心おひきかえ(心を変えて)かえすがえすも祈りまいらせ候。めでたくかしこ

ははより」

大様

涙で綴《つづ》った瀧子の切々《せつせつ》たる手紙である。お前が生きてさえいてくれれば私の何よりの慰め、生き甲斐になる。どうか心を入れかえてこの柿を食べておくれという母性愛の極みに、松陰は涙を拭《ぬぐ》って絶食死を思いとどまったのである。

再び獄中の人となった松陰は最後の年の五月、徳川幕府の命令で江戸に檻送《かんそう》(罪人・囚人などを檻《おり》に入れて送ること)されることになった。野山獄司《ごくし》であった門人、福原犀之助《ふくはらさいのすけ》は松

陰を一夜杉家に帰した。松陰《しょういん》先生に家族への最後の別れをさせてあげようと独断で行ったのである。杉家では心尽しの訣別《けつべつ》の小宴が催された。松陰は母の最後の手料理を噛《か》みしめた。そのあと瀧子は風呂を沸かして松陰の背中を流しつつ、

「寅次郎《とらじろう》よ、今一度江戸から無事で帰って気嫌《きげん》のよい顔を見せておくれ」

としみじみ語った。松陰は死出《しで》の旅路《たびじ》を覚悟していたが断腸《だんちょう》の思いを秘めて、

「母上様、必ず無事に帰ってお目にかかりますから、ご心配ご無用でござります」

と答えた。

いよいよ江戸へ立つとき萩郊外の人々が見送るところに「涙松《なみだまつ》」とよばれる老松《ろうしょう》があったが、そこで松陰が詠《よ》んだのがこの歌である。

かへらじと　思ひ定めし　旅なれば
　ひとしほぬるる　涙松かな

十月、死刑直前に家族へ最後の便り（『留魂録《りゅうこんろく》』）を綴《つづ》ったが、その中の一首。

親思ふ　こころにまさる　親心
　今日の音づれ　何《なん》と聞くらん

　自分が親を思う以上に自分を思って下さる父と母は、この死刑の知らせをどれほど嘆き悲しむであろうかという腹わたがちぎれるような思いをのべたものである。

　松陰《しょういん》が死刑になったその日、萩の家では松陰の兄梅太郎とその娘の病気の看護の疲れで、父母は昼間うとうとしていた。ところが目を覚まして父はそばにいた瀧子《たきこ》に、「いま私は首を斬られた夢を見たが、誠によい心地《ここち》であった」と語った。すると瀧子はこう言った。

「私はまた寅次郎《とらじろう》がただいま江戸から帰った夢を見ましたが、非常によい血色《けっしょく》でありました」

　後で聞いてみると松陰が首を斬られた日時と寸分《すんぶん》変らなかったという。松陰はその肉体を没せんとしたとき、その魂は遙か萩に飛び両親の夢枕に立って最後の別れを告げたのである。松陰は母に「無事に帰ってお目にかかります」と言った通り約束を果たしたのである。

松陰の最期《さいご》に対して父杉百合之助はこう言った。

「ああ、わが児《こ》、一死君国《いっしくんこく》（天皇と祖国日本）に報《むく》いたり。真にその平生《へいぜい》に負《そむ》かず」

寅次郎《とらじろう》よ、お前は死をもって天皇陛下と皇国日本の国恩に報いた。誠の道を貫いた二十九年の生涯にそむかない実に立派な最期《さいご》であった。寅次郎、偉かったぞ。こう言ったのである。このような立派な父杉百合之助と母瀧子がいたからこそ、吉田松陰《よしだしょういん》という奇《き》蹟《せき》の人がありえたのである。


瀧子が亡くなる一年前、宮内省高官であった品川弥二郎は昭憲皇太后《しょうけんこうたいごう》に吉田松陰と母瀧子のことを申し上げたところ、皇太后はいたく感銘《かんめい》されて白縮緬《しろちりめん》二反《にたん》を下賜《かし》された。そのあと瀧子が重病にかかるとお見舞に菓子一折《ひとおり》を下され、翌二十三年八十四歳で亡くなると深く悼《いた》まれ金百円を賜《たまわ》った。在天《ざいてん》（あの世）の瀧子と松陰の霊、感涙《かんるい》にむせんだことであろう。

8

東郷益子（東郷平八郎・母）

欧米主導の近代の世界を根本から変えたのが日露戦争《にちろせんそう》であり、日本の最終的勝利を確定したのが日本海海戦である。この戦いこそ「世紀の一戦」であった。日本海海戦は空前の大勝・完勝であったから、この戦いを指揮した連合艦隊司令長官東郷平八郎《とうごうへいはちろう》は、古今《ここん》東西随一《ずいいち》の海将として仰がれ今なおその声価《せいか》は微塵《みじん》も揺るがない。

この勝利は全世界の人々を震撼《しんかん》し驚嘆させた。それは近代数百年間、欧米白人諸国が非西洋諸国民を劣等人種として差別し、その国々を植民地として支配し有色人種は白人に絶対に勝つことが出来ないという「白人不敗の神話」を根本から打ち砕いたからである。

東郷は陸軍の名将乃木希典《のぎまれすけ》とともに日本の誇る国民的英雄となるが、二人は単に日本の英雄であっただけではない。初代国連大使をつとめた外交官加瀬俊一《かせとしかず》は昭和三十年代、ポーランドで体験した出来事をこうのべている。自動車旅行である教会に立ち寄った時の話である。

「年配の上品な神父が出てきて日本人だと言うと、『あぁいらっしゃい。日本の車があちこち走っていると聞いていました』。そういってお茶を出してくれたんです。そうしたらかたわらに小さな男の子が来て、それで私は『君の名は何て言うの』と聞くと、『ノギ』というの。『えっ、ノギ』、すると神父さんが言うんです。『ノギというのは乃木大将のノギですよ。ノギとかトーゴーとかこの辺はたくさんいましてね。ノギ集れ、トーゴー集れと言ったら、この教会からはみ出しますよ、トーゴーとは勿論東郷平八郎にちなんでのことです。ポーランドはロシアの悪政に反抗して独立戦争に多くの血を流した歴史を持っているんです。そのロシアを打倒した英雄にちなんで名前をつけるわけです。日本人はね、日露戦争の日本海海戦（明治三十八年五月二十七・二十八日）がいつか知らないでしょう。しかしポーランドの少年たち少女たちは、日本海海戦や奉天会戦《ほうてんかいせん》（明治三十八年二・三月、三月十日奉天占領）がいつだったかよく知っているのですよ。皮肉ですね」

ポーランドは日露戦争時、ロシアやドイツにより亡国状態にあり、昭和三十年代はソ連に支配された『衛星国』であった。ポーランド人はひたすら独立を願って、わが子にノギ、トーゴーと名づけ、日本海海戦や奉天会戦や旅順戦《りょじゅんせん》における東郷、乃木の大奮闘を語って聞かせたのである。東郷《とうごう》と乃木《のぎ》は救国の英雄であるとともに、すべての非西洋民族、被抑圧民族にとり、民族解放・独立の英雄でありまさしく世界的偉人であったのである。

東郷平八郎はなにゆえにかくも偉大になり得たのであろうか。それはひとえに立派な両親ことに母益子《ますこ》がいたからである。益子は二十歳の時、薩摩藩士東郷吉左衛門《とうごうきちざえもん》に嫁《か》した。吉左衛門《きちざえもん》は名君島津斉彬《しまづなりあきら》に認められて郡奉行《こおりぶぎょう》、御納戸《おなんど》奉行などの要職を勤めた。益子は夫を支え家事に励んだが、舅姑《しゅうとしゅうとめ》はじめ家族から深く親愛・敬慕されて明るくあたたかい家庭を営んだ。

益子は神仏への信仰心が深かった。鹿児島にある有名な五つの神社には毎月参詣《さんけい》した。敬神の念と誠の心、真心を根本にして家庭を築くが、東郷はこの母に深く感化された。益子は五男一女を授かる。東郷は四男である。益子は子女の教育に特に心をこめた。その目的とするところは、高潔な品性と立派な見識の涵養《かんよう》であった。

東郷は少年時、勇猛大胆、敏捷無類《びんしょうむるい》、強情一徹《ごうじょういってつ》の負けず嫌いであった。喧嘩でもあれば先頭に飛び出してゆく人間で、気性は激しく荒かった。十歳の時、小川で小鮒《こぶな》の群を目がけて小刀を揮《ふる》い一撃また一撃、たちまち十数匹を切って見る人を驚かせ得意満面であった。隣人よりこれを聞いた益子は東郷を呼びつけて容《かたち》を正して懇々《こんこん》と戒《いまし》めた。

「武士は大敵を破ってこそ誉《ほまれ》ともなれ、小魚を捕ったことが何になる。それを自慢するような卑《いや》しい心がけでは行末《ゆくすえ》が思いやられる。さような業《わざ》をほめる人があったなら愚弄《ぐろう》されていると考えて恥ずかしく思いなさい」

東郷は以後、母の教えを肝に銘じて文武両道に励んだ。文久三年（一八六三）薩英戦争《さつえいせんそう》が起った。当時世界の覇権《はけん》を握るイギリスの天下無敵の英国極東艦隊《えいこくきょくとうかんたい》が薩摩に侵攻した。藩の存亡をかけた戦いに十六歳の東郷は出陣した。家を出る時、益子は一言、「負くるな」と励ました。

夫と子供らの出陣を見送った後、益子は大鍋に薩摩汁をつくり、家の使用人二人にそれをかつがせ、自身は蓑笠《みのがさ》に身を固めて折しも荒れ狂う暴風雨をものともせず、陣所《じんしょ》をめぐって薩摩汁を振舞いつつ士気を励ましたことは後々《のちのち》の語り草となった。益子は「白梅の君」といわれた評判の美しい女性だったが、男まさりの毅然《きぜん》たる女丈夫《じょじょうふ》であった。東郷はこの母に似た眼光ひときわ鋭い好男子であった。

明治十年の西南戦争には長男と三男（次男、五男はすでに故人）が薩軍に投じ、長男は負傷し三男は戦死した。益子は戦後すぐ仮埋葬の場所に行き、他人の力を借りず、鋤《すき》、鍬《くわ》を使わず（鋤や鍬を使うと遺体を傷つける恐れがある為）、唯一人素手《すで》で土を掘り、掘っては休み、休んでは堀り続け十指が破れ傷つくのを物ともせず遺骸《いがい》を発掘して、改めて菩提寺《ぼだいじ》に埋葬した。これを聞いた人々はみな益子の慈愛と気性《きしょう》に舌を巻いて驚嘆した。なおこの時、東郷はイギリスに留学中であった。

益子はこのように家庭と子供たちの為に並々ならぬ辛苦《しんく》を重ねるが、東郷が家庭を持つと上京し同居して安穏な晩年を過ごし明治三十四年九十歳で亡くなった。晩年、親戚や知人の婦人達に語っている。

「善良な妻となるのはもとより大切な事であるが、善良な姑《しょうとめ》となるのは一層大切な事である」

東郷家における益子とテツ子夫人との姑嫁《しゅうとめよめ》の仲は申し分なく、和気藹々《わきあいあい》たる家庭は笑声絶えず温潤《おんじゅん》の気に満ちていた。

東郷が日清戦争で大活躍して凱旋《がいせん》し帰宅したとき、益子は東郷を迎えて上座《じょうざ》に請《しょう》じ、

「これ皆天子《てんし》様（天皇）の御威光《ごいこう》で何とも申し上げようはございませぬ」

とうやうやしく両手を突いて丁寧《ていねい》に挨拶《あいさつ》した。東郷は感極《かんきわ》まり言葉が出ず、同じく母に向って平伏《へいふく》した。

亡くなるとき益子が遺《のこ》した言葉がこれである。

「平八殿、御奉公を大事にな」

9

井上 勝（井上馨・母）

井上馨《いのうえかおる》は明治《めいじ》の元老《げんろう》（国家に大功があって天皇から重んじられている臣《しん》）の一人である。長州藩出身の明治維新《いしん》の志士として久坂玄瑞《くさかげんずい》、高杉晋作《たかすぎしんさく》、木戸孝允《きどたかよし》らと共に活躍した。尊皇倒《そんのうとう》幕派《ばくは》の一員である井上はお家大事派の俗論党に襲撃されて重傷を負うが命拾いし、維新後明治政府において財政、外交等において主要な役職についた。

井上はわが国初代の内閣総理大臣伊藤博文《いとうひろぶみ》と深く交わった。イギリスに留学したのも一緒である。明治政府においては常に伊藤を直接間接に支える補佐役で、その関係は伊藤が亡くなるときまで続いた。

明治政府の中枢を担ったのは薩摩と長州の出身者であった。長州を代表するのが伊藤博文・山県有朋《やまがたありとも》・井上馨で「長州三尊《さんぞん》」といわれた。伊藤が政治、山県が軍事を担当し、井上は伊藤を助けた。

井上家は毛利元就《もうりもとなり》以来の由緒《ゆいしょ》ある名家《めいけ》である。井上は強い個性の持主《もちぬし》で長所、短所が相《あい》半《なか》ばした。直情径行《ちょくじょうけいこう》で勇気と胆力《たんりょく》にかけては伊藤も山県もかなわなかった。腕力自慢で癇癖《かんぺき》(おこりっぽい性癖《せいへき》)は晩年まで直《なお》らず「雷爺《かみなりおやじ》」といわれた。しかし侠気《きょうき》(強い者に屈せず弱い者を助ける気持、おとこ気)は十分あり、これはと見込んだ人物には随分親切に世話を焼いた。思いやり、人情において人後に落ちなかった。明治時代、大臣、元勲《げんくん》として大きな権力、勢力を長らく維持した。

井上が天下国家のために最も懸命に尽したのは幕末の文久《ぶんきゅう》年間から慶応《けいおう》年間である。当時、長州の尊皇攘夷《そんのうじょうい》・尊皇倒幕《そんのうとうばく》運動を担った指導者は、吉田松陰《よしだしょういん》の薫陶《くんとう》を受けた松下《しょうか》村塾《そんじゅく》出身者でその代表が久坂玄瑞《くさかげんずい》・高杉晋作《たかすぎしんさく》・入江杉蔵《いりえすぎぞう》らである。禁門《きんもん》の変で久坂・入江が亡くなったあと高杉が長州を背負って立つが、この時、高杉を支えた有力者が木戸孝《きどたか》允《よし》、広沢真臣《ひろさわさねおみ》そして井上であった。そのほか大村益次郎《おおむらますじろう》、前原一誠《まえばらいっせい》、伊藤博文、山県有朋らがいた。元治《げんぢ》元年(一八六四)から慶応三年(一八六七)高杉が亡くなるときまで井上は高杉の補佐役として実に命がけの働きをした。井上生涯の華《はな》はこの時であった。

元治元年、井上は伊藤博文ら四人の志士とともにイギリスに留学したが、イギリスにきてからイギリス・フランス等列強の艦隊が長州に攻め入ることを知り、井上と伊藤は急《きゅう》遽《きょ》帰国してそのことを藩首脳に報告した。

同年八月、英仏米蘭《えいふつべいらん》の四国艦隊《しこくかんたい》が来襲して下関を砲撃、長州はこの戦いに敗れた。その直後、幕府は長州征伐（第一次長州征伐）の軍を起して長州は屈服するのである。このとき長州のとるべき方針について毛利藩主臨席《りんせき》の御前会議が行われた。多くの家臣《かしん》がお家大事の立場から幕府への屈従やむなしとする中で、井上は「長州藩から幕府へ言うべきことをいい、もし容《い》れられざる時は抗戦すべし」との最も強硬な意見を主張した。その結果、俗論党の主張を抑えこみ、あくまで幕府に屈せぬ「武備恭順《ぶびきょうじゅん》」が決定した。つまり幕府があくまで長州に厳罰《げんばつ》を求めるならば戦いを回避《かいひ》しないという主戦論《しゅせんろん》であった。これは井上の生涯を通じて最も誇りある功績であった。その後長州は苦難を乗りこえてこの道を貫くのである。

ところが俗論党は井上を長州藩を滅亡に導く国賊《こくぞく》、逆臣《ぎゃくしん》として、この会議の直後、闇夜の下、井上を襲撃した。四人が一斉に斬りかかったから剛勇の井上も抵抗しえず、十三ヵ所もずたずたに斬られる致命傷を受けるのである。

すぐ医者が二人来たが、全身斬りきざまれ虫の息になっている井上を見て、どうすることもできない。そこにもう一人、所郁太郎《ところいくたろう》という医者がかけつけた。所は美濃《みの》出身の勤皇の士で、緒方洪庵《おがたこうあん》の適塾《てきじゅく》で学び外科手術の助手の経験があったので、直ちに治療にかかった。所は畳針を使い一晩中かかって全身の傷口を縫い終った。井上は全《まった》く死人のように横たわっていた。見舞にきた同志はこの有様を見て、井上の命はもうないと諦《あきら》め涙を流した。出血がおびただしく、苦しそうな唸《うめ》き声を出す井上を見て誰もがとても助かるとは思えなかったのだ。枕もとにいた兄の幾太郎《いくたろう》はあまりにも苦しそうな弟を見てたまらなくなり、ひと思いに楽にさせてやろうとして刀に手を掛けた。するとそこに隣室にいた母の勝《かつ》がきて、「幾太郎、何をしているのです」と声をかけた。

「聞多《ぶんた》(当時の名)の苦しそうなこのさまを見ましては、兄の情として堪《た》え難くいっそひと思いに刺し殺そうかと思いまして……」

「えっお前は何という恐ろしいことをする。まだ息のある弟をさし殺そうなどと……私の眼の黒いうちはたといどんなことがあってもそういうことはさせぬ。聞多は私の倅《せがれ》じゃ。ほかの者には手を付けさせぬ。天命《てんめい》が来て死ぬのはよんどころないが、兄が手にかけようとは何事か」

「何とも相《あい》すまぬことをしました」

「もうさような考えは起して下さるな。私の一心でもきっと助けてみせる」

それから勝は神仏に祈りつつ必死に看護、介抱《かいほう》した。三日目になると井上はようやく「水を下さい」と言えるようになった。数日後、所が「この具合《ぐあい》なら、どうにか命はとりとめるだろう」というまでになった。回復までしばらくかかったがこうして井上は九死に一生を得るのである。

所郁太郎の治療と勝の母性愛が井上を救ったのである。御前会議での武備恭順論とこの闇討《やみうち》事件は井上生涯の語り草であり、顔面はじめ体中にある傷あとは体に刻みこまれた井上の光栄ある勲章であった。全く気丈《きじょう》で愛情深い母・勝のひたむきな看病のお蔭《かげ》で、井上は明治の元勲《げんくん》の一人になることができたのである。

10

島津周子（島津斉彬・母）

明治維新《めいじいしん》というわが国最大の変革において幾多のすぐれた人物が先駆的《せんくてき》な働きをしたが、中でも最大の先駆者は島津斉彬《しまづなりあきら》である。斉彬は西郷隆盛《さいごうたかもり》を「薩国《さつこく》貴重《きちょう》の大宝《たいほう》」として見い出した人物であり、西郷は主君《しゅくん》斉彬を師とも父とも仰ぎ生神様《いきがみさま》として尊崇《そんすう》した。西郷は明治維新を成就《じょうじゅ》した第一人者だが、もし斉彬が存在しなかったならばとうてい西郷の大活躍はあり得なかったであろう。

斉彬は四十一歳で薩摩藩主に就任するやわずか七年半で薩摩藩を改革、西洋文明を採り入れ科学技術に基づく近代工業を興し、「富国強兵《ふこくきょうへい》」を目標として薩摩藩を一個の近代国家に変えた。苦心惨憺《くしんさんたん》して西洋式の軍艦・大砲を建造し旧来の軍制を一新、強力な近代的軍隊を作り上げ、政治・経済・産業・軍事・教育の全面において陣頭指揮、薩摩を日本随一の雄藩《ゆうはん》に一変した。そうして西郷隆盛を始めとする多くのすぐれた人物を育て上げた。

つまり斉彬は天皇を仰ぎ戴《いただ》く新生日本はこうあるべしという近代日本の原型・雛形《ひながた》というべきものを短期間で薩摩藩において作り上げ、わが国の進むべき道、方向を明《あきら》かに指し示したのであった。斉彬こそ明治維新の基礎・土台を打ち固めた最も重要な人物であった。この島津斉彬という大人物を作り上げるのに最も大きな影響・感化を与えたのは、母の島津周子《しまづかねこ》である。

周子は鳥取藩主池田治道《いけだはるみち》の第三女で、第二十七代藩主島津斉興《しまづなりおき》の正室《せいしつ》となり、長男斉彬始め三人の子供を生み育てた。周子は極めてすぐれた人格の持主《もちぬし》で何より慈悲心深く愛情豊かな女性であった。神仏を深く敬い観世音菩薩《かんぜおんぼさつ》を厚く信仰し、菩薩の生まれ変りとまでいわれた人である。また天性の聡明さを持ち和漢《わかん》の学問に通じ美しい和歌を詠《よ》み文章も作ることができた。

斉興と結婚する時、嫁入り道具の中には数多くの和漢の書物を入れた本箱が沢山あった。またそのほかに鎧《よろい》などの武具《ぶぐ》まであった。もし緊急事態が生じた際、藩主不在のとき代って鎧を着て武装し勤めを果たすためである。周子は才色兼備《さいしょくけんび》の心やさしき佳人《かじん》（美しい女の人）であったが、こうした凛然《りんぜん》たる気高い精神をもつ稀有《けう》の女性であった。

周子は母乳で斉彬らを育てた。当時藩主の家庭において奥方は自分の乳で育てず、乳の出る他の女性（乳母《めのと》）にわが子を託すという悪習慣があったが、断然これを改めるのである。周子《かねこ》はおむつをとりかえることなど一切自分でやった。

さらに周子は斉彬《なりあきら》が六、七歳になると自ら学問の手ほどきをして、論語などの素読《そどく》を授けた。斉彬はこの母を深く慕って日々学びに明け暮れた。十歳頃、斉彬は次の歌を詠《よ》んでいる。

古《いにしへ》の　聖《ひじり》の道の　かしこさを
　習ひて学ぶ　あした夕《ゆふ》べに

斉彬が十三歳のとき川崎大師《かわさきだいし》に参詣《さんけい》した帰途、椿の一枝《ひとえだ》を手折《たお》りこれを母に捧げた。周子は斉彬のやさしい心根《こころね》をほめて次の歌を与えた。

とほき道に　遊ぶ身ながら　わすれえぬ
　孝《かう（こう）》の一字《いちじ》ぞ　げに類《たぐ》ひなき

周子は斉彬が十六歳のとき、三十四歳の若さで亡くなる。斉彬にとりこの母ほど慕わしき人はいなかった。周子が亡くなったとき、斉彬は次の歌を詠んだ。

有明《ありあけ》の　かたぶく月と　諸共《もろとも》に
　雲かくれぬる　君ぞ恋しき

斉彬は当時の藩主中、人格、才能ともに並ぶ者なく傑出《けっしゅつ》していたが、そのほとんどは母親譲りであった。少年時に次の逸話《いつわ》がある。斉彬を熱愛した曾祖父《そうそふ》島津《しまづ》重豪《しげひで》はオランダから渡来《とらい》した玻璃《はり》（ガラス、ギヤマンといった）を大事にしていたが、近臣《きんしん》がその容器の一対の一つを誤って壊《こわ》してしまった。怒った重豪はその近臣の過失を咎《とが》めて閉門《へいもん》を申しつけた。それを知った斉彬は重豪に残りの一つを請い、さらにこう懇願した。

「この大切なものを壊したのはいけないことですが、けれどギヤマンも人の為に使う器《うつわ》に過ぎません。器は人の為にあるものです。どうか壊したあの者を許してやって下さい」

重豪は笑って、「お前は偉いやつよの。お前の言う通りにしよう」と言い、斉彬の後ろ姿を見ながらこうつぶやいた。

「邦丸《くにまる》（斉彬《なりあきら》の幼名）の将来は楽しみじゃな。あやつ、残りのギヤマンがあれば、また壊して罰せられる者が出ると思ったのであろう。偉いやつじゃ」

十歳のころの話である。このような人々への情愛、思いやり、深い慈悲心は全《まった》く母・周子《かねこ》の血を受けたからである。斉彬はその後一生、藩士や身近《みぢか》に仕《つか》える部下、奉公人の落度《おちど》、心得違《こころえちが》い、無調法《ぶちょうほう》などに対して決して怒りの気色《きしょく》を見せないどころか、逆に自分自身の不徳のいたす所と反省した。斉彬はいつも「賞は重く、罰は軽く」と言っていた。江戸時代の三百諸侯《しょこう》の中でこれほど人格高潔な藩主は、ほかに上杉鷹山《うえすぎようざん》がいるくらいである。斉彬がこれほど立派な人間性を持ち得たのは、母親周子の感化の賜物《たまもの》であったのである。

11

楠木久子（楠木正成・妻、楠木正行・母）

昭和二十年大東亜《だいとうあ》戦争が終りアメリカによる占領統治を受けるまで、日本人が最も尊敬した国史上の人物は楠木正成《くすのきまさしげ》である。日本人は正成を「大楠公《だいなんこう》」と呼んで崇敬《すうけい》、親愛した。楠木正成は日本人の忠誠心の典型《てんけい》・模範・手本とされた。明治維新《めいじいしん》の志士達は一人残らず大楠公を崇敬《すうけい》、仰慕《ぎょうぼ》してやまなかった。大楠公は建武《けんむ》の中興《ちゅうこう》を行った後醍醐天皇《ごだいごてんのう》に忠義・忠誠を捧げ尽した人物である。これに対して後醍醐天皇に反逆し室町幕府を作ったのが足《あし》利高氏《かがたかうじ》である。

大楠公は神戸の湊川《みなとがわ》で高氏と戦い最期《さいご》を遂げた。そのとき息子楠木正行《くすのきまさつら》に伝えたのが「七生報国《しちしょうほうこく》（七たび生れ変って皇国日本のご恩に報いる）」の精神である。この大楠公最期《さいご》の地に、「嗚《あ》呼《あ》忠臣《ちゅうしん》楠子《なんし》之《の》墓《はか》」の石碑《せきひ》を建てたのが徳川光圀《とくがわみつくに》（水戸黄門《みとこうもん》）である。「嗚呼」は心からの感動をあらわす言葉、「楠子」は大楠公、この石碑に多くの維新の志士が額《ぬかづ》き涙を流して大楠公《だいなんこう》の「七生報国《しちしょうほうこく》」の忠誠に習わんとしたのである。

大楠公は湊川《みなとがわ》の戦いの前、桜井《さくらい》(現大阪府島本町)で息子正行《まさつら》(小楠公《しょうなんこう》とよばれた)と訣別《けつべつ》した。そのとき数え十一歳の正行は父と共に戦う決意で同行を求めたが、大楠公は、早く立派な一人前の武士となり、足利《あしかが》の不義《ふぎ》を討ち天皇に忠誠を尽すべきことを泣く泣く教えさとした。これが「桜井の別れ」である。戦前、小学校でこの歌を歌わない児童はいなかった代表的な国民歌であった。歌詞はこうだ。

桜井の別れ(大楠公)

落合直文《おちあいなおぶみ》作詞(作曲 奥山朝恭《おくやまともやす》)

1青葉しげれる桜井の
里のわたりの夕《ゆう》まぐれ
木《こ》の下《した》かげに駒《こま》とめて
しのぶ鎧《よろい》の袖《そで》の上《え》に
散るは涙かはた露《つゆ》か

2正成《まさしげ》涙をうち払い

わが子正行《まさつら》よび寄せて
父は兵庫に赴《おもむ》かん
かなたの浦にて討死《うちじに》せん
汝《いまし》はここまで来《き》つれども
とくとく帰れふるさとへ

3
父上《ちちうえ》いかにのたまうも
見捨てまつりて我《われ》一人
いかで帰らん帰られん
この正行は年こそは
いまだ若かれもろともに
御供仕《おんともつか》えん死出《しで》の旅

4
汝《いまし》をここより帰さんは
われ私のためならず
おのれ討死《うちじに》なさんには
世は高氏《たかうじ》のままならん

早く生《お》い立ち大君《おおきみ》に
仕えまつれよ国のため

5このひとふりは去《い》にし年
君の賜《たま》いしものなるぞ
この世の別れのかたみとて
汝にこれを贈りてん
行けよ正行《まさつら》ふるさとへ
老いたる母の待ちまさん

6共に見送り見かえりて
別れを惜しむ折《おり》からに
またも降り来る五月雨《さみだれ》の
空にきこゆるほととぎす
誰か哀《あわ》れと聞かざらん
あわれ血に泣くその声を

※ひとふり＝一本の刀

戦前の日本人――親も子も――はみなこの場面に涙をそそいだのである。この桜井の別れにおいて大楠公は正行に、日本人として踏むべき忠誠と道義《どうぎ》の道を伝えたのである。明治天皇は次の御製《ぎょせい》を詠《よ》まれた。

子わかれの　松のしづくに　袖ぬれて
　昔をしのぶ　桜井のさと

仇浪《あだなみ》を　ふせぎし人は　みなと川
　神となりてぞ　世を守るらむ
　　※仇浪＝足利高氏

明治天皇は大楠公父子の訣別《けつべつ》に涙せられたのである。大楠公並びに一族を祭る湊川《みなとがわ》神社は明治天皇の思召《おぼしめ》しにより明治五年五月創建された。

大楠公が敗死したあと、その首級《しるし》（首）が河内《かわち》の正行のもとに送られてきた。父から訓戒《くんかい》を受けた正行だったがまだ数え十一歳の少年にすぎない。衝撃《しょうげき》と悲嘆の余り父の形見《かたみ》の刀で自害《じがい》せんとするのである。それをとめたのが母久子《ひさこ》である。太平記はこう記している。

「母急ぎ走り寄って正行《まさつら》が小腕《こうで》に取り付いて、涙を流して申しけるは、『栴檀《せんだん》（インド産の香木の名、白檀《びゃくだん》の別名）は二葉《ふたば》より香《かん》ばしき』（栴檀は二葉の芽を出した時から香りが高いように、立派な人物は子供の時から人並《ひとなみ》すぐれているとの意味）と言えり。汝《なんじ》幼くとも父が子ならば、これ程《ほど》の理《ことわり》に迷うべしや。故判官《こほうがん》（正成《まさしげ》）が兵庫へ向いし時、なんじを桜井の宿より返し留《とど》めし事は、全く迹《あと》を弔《とぶら》われんためにあらず。腹を切れとて残し置きしにもあらず。死に残りたらん一族若党どもをも扶持《ふち》しおき（養っておいて）、今一度、軍《いくさ》を起し御敵《おんてき》を滅ぼして、君を御代《みよ》にも立てまいらせよ（再び御位《みくらい》におつけ申し上げよ）と言い置きしところなり。その遺言つぶさに（くわしく）聞きてわれ（久子）にも語りし者が、いつの程に（いつのまに）忘れけるぞや。かくては父が名（名誉）を失い果て、君の御用に合いまいらせん事あるべしとも覚えず」

久子は泣く泣く、正成《まさしげ》の子なら幼くとも道理が分るはずだ。早まって道を踏みはずしてはならぬ。父が死を以《もっ》てした教戒《きょうかい》（教えいましめること）に一心につとむべきことを懸命に説きさとしたのである。正行《まさつら》は己れの非を悟り泣いて母に詫《わ》びた。これが大楠公《だいなんこう》の妻であり小楠公の母であった。良妻賢母の鑑《かがみ》、日本の母の典型であった。

正行はこの母のもとに文武両道一筋に励み、やがて吉野朝(南朝)を支える中心的武将となり、二十三歳のとき四條畷《しじょうなわて》(大阪府)の戦いで足利の大軍と戦って最期《さいご》を遂げた。正行は吉野の朝廷をあとにしたとき、この地にある如意輪寺《にょいりんじ》に詣《もう》でその本堂に次の辞世《じせい》の歌を書き留めた。

返らじと　かねて思へば　梓弓《あづさゆみ》
　なき数に入《い》る　名をぞ留《とど》むる

※梓弓＝枕詞《まくらことば》「入る」にかかる。入る＝射ると入るの掛詞《かけことば》。

最期の戦いと覚悟していたから、一族郎党百四十三人が参拝して過去帳《かこちょう》(亡くなった人の名を記した書面)に自ら名を記した。正行はその人格、武将としての才能ともに、全《まった》く父生き写しの人物だったから死後「小楠公《しょうなんこう》」とたたえられたのである。

小楠公を祭る四條畷神社の境内《けいだい》には「御妣《みおや》神社」がある。祭神《さいじん》は久子である。創建は大正十四年、女性の鑑《かがみ》としてどうしてもお祭りしたいという地元の女性たちにより建立《こんりゅう》された。大楠公、小楠公は日本国史に永遠に輝く人物であるが、大楠公を支え小楠公を育て上げた久子もまた国史に不朽《ふきゅう》の名をとどめる日本の母・妻である。

12

黒木わき（黒木博司・母）

大東亜《だいとうあ》戦争においてわが国は航空機による「神風特別攻撃」とともに、特殊潜航艇《とくしゅせんこうてい》による「回天《かいてん》特別攻撃」を行った。特殊潜航艇は「回天」と名づけられた「人間魚雷《ぎょらい》」であった。魚雷を改造した約十五メートルの小型特殊潜航艇に一五五〇キロの爆薬を積み、一名の海軍将校または下士官《かしかん》がこれを操縦して敵艦に体当たりする必中必殺《ひっちゅうひっさつ》の攻撃である。回天特攻は神風特攻とともにアメリカ軍を震撼《しんかん》させ米軍将兵を恐怖のどん底にたたきこんだ。

この恐るべき特攻兵器を考案しその製造並びに回天特攻作戦の訓練に全身全霊の超人的努力を傾け護国の英霊として真っ先にその身を捧げたのが、いまだ二十代前半の黒木博司《くろきひろし》大尉《たいい》（死後少佐）である。

黒木はどうして人間魚雷による特攻を思い立ったのであろうか。鉄の棺桶《かんおけ》といわれた生還のありえぬ人間魚雷を駆《か》って敵艦めがけて突撃した祖国を思ってやまぬ至純至高《しじゅんしこう》の心を知る義務が後世《こうせい》に生きる我々にはある。

黒木は大東亜戦争を日本建国以来最大の国難と見、この戦いに日本が大敗北を喫《きっ》するならば、日本は「永久に世界より抹殺《まっさつ》される」と観じたのである。この洞察は決して誤っていなかった。アメリカはわが国を無条件降伏させて日本を日本たらしめている天皇を永久に廃絶する決意でいたからである。

昭和十八年になり戦局は次第にわが国に不利になり、五月頃黒木は必死の戦法以外に皇《こう》国護持《こくごじ》の道はありえないと思い、次の歌を詠《よ》んだ。

今や今　死もて仇《あだ》うつ　他《ほか》に何《なに》
　皇国《すめくに》護る　道あらめやも

そうして日記に、「自爆必成《じばくひっせい》の任、皇国興廃《こうこくこうはい》の責我《せきわれ》にあり」と記している。そうして特殊潜航艇の改良に全力を尽し、同年十月、海軍軍令部《ぐんれいぶ》に対して人間魚雷採用を血書《けっしょ》を以《もっ》て嘆願したのである。それがようやく受け入れられ人間魚雷採用が決定したのが昭和十九年六月である。

人間魚雷の試作艇《しさくてい》が出来上り訓練が開始されたのが同年九月である。その指導教官が黒木大尉と盟友仁科関夫《にしなせきお》中尉であった。黒木は仁科とともに部下を率いて猛訓練を開始した。しかし九月七日、訓練中事故を起して黒木はもう一人とともに殉職《じゅんしょく》するのである。黒木は実は航空機による特攻を海軍全体で行うことを願望していたが、自分の立場（特殊潜航艇員）を越えたことはできないから、まず人間魚雷による回天特攻を行うことにより海軍あげて航空機による特攻に立上《たちあ》がらせようとしたのである。黒木は遺書でこうのべている。

「必死必殺に徹《てっ》するにあらずんば、しかも飛機《ひき》（航空機）において早急《さっきゅう》に徹するにあらずんば、神州不滅《しんしゅうふめつ》も保《ほ》し難《がた》しと存じ候《そうろう》。必ず神州挙《こぞ》って明日より即刻《そっこく》、体当たり戦法に徹することを確信し神州不滅を疑わず」

回天特攻は黒木の遺志を受けついだ仁科中尉により、十一月八日開始された。回天特別攻撃隊菊水隊《きくすいたい》の出撃である。仁科中尉は敵艦に命中し壮烈な戦死を遂げた。航空機による神風特別攻撃隊の出撃は十月二十五日であった。黒木が念願した通り、航空特攻は回天特攻より先に開始されたのである。こうして神風特攻と回天特攻が海軍あげて実行された。次いで陸軍もまた航空特攻に踏み切る。

黒木少佐は二十二歳で亡くなった。二十代を少しこえたばかりの黒木が人間魚雷による特攻を創始しついに海軍全体の航空特攻を導いたことは特筆すべきことである。この神風特攻と回天特攻が沖縄や硫黄島《いおうとう》などの玉砕戦《ぎょくさいせん》と相俟《あいま》って結局、わが国を亡国から救ったのである。後世の私たちは黒木少佐にいくら感謝しても足りず、少佐の純忠至誠《じゅんちゅうしせい》は国史に不朽不滅《ふきゅうふめつ》である。

わずか二十一、二歳でどうしてこれほどのことができたのであろうか。黒木の伝記を読むとその人格の高さ、人間性の素晴らしさに文句なく頭が下《さが》る。これほどの人物が生まれたのはやはりすぐれた両親がいたからである。

両親は岐阜県益田郡下呂《げろ》村（下呂市）の人で、父弥一《やいち》は医者、母わき、兄一人、妹一人の家族である。両親とも立派な人で子供の教育に心を砕き、「正直はこの世の宝」と博司《ひろし》らを厳しく躾《しつ》けた。母のわきは常々こう教えた。

「百人の人に笑われても一人の正しい人に賞《ほ》められるよう、百人の人に賞められても一人の正しい人に笑われないよう、正直で曲がったことはしないように」

実に素晴らしい庭訓《ていきん》で、博司らはこれをしっかり守った。少年時の黒木の性格は、「温順、快活、上品にして努力、勉強につとむ。技能に秀《ひい》ず、社交的にして明朗」であった。

両親の良いところをしっかり受けついだのである。黒木は親思い、兄妹思いであった。兄が上級学校を受験した折、岐阜の下宿先で、兄の写真を床の間に飾りその前に兄の好物の菓子などを供え、試験の三日間断食して成功を祈った。合格したとき兄あての手紙で、「僕は狂ってしまうほど嬉《うれ》しかったし、今なお嬉しさで一杯です」と書いている。

黒木は岐阜中学から海軍機関学校に進んだ。時局は刻々と危機が迫りつつあった。黒木は日米の戦いはとうてい避けられないと見通し、その時は一身を捧げる覚悟を固めていた。黒木が最も尊敬する国史上の人物は楠木正成《くすのきまさしげ》である。黒木の切なる願いは「楠公《なんこう》にも劣らぬ忠臣」になることであり「没我殉忠《ぼつがじゅんちゅう》」の誠を捧げることであった。昭和十六年二月黒木は妹への手紙でこうのべている。

「兄さんはお父さん、お母さんの愛情を余り受けたくない。忘れてしまわれたい。そうでないと当然来るべきものが来たとき、お父さんお母さんのやはり親としての悲しみが非常に大きいのではないかと思う。今度は日露戦争の時以上の多くの真の決死隊が要《い》るだろう。そして廣瀬《ひろせ》中佐をお手本とする兄さんにとっては是非此処《ここ》に殉《じゅん》じたいものである。誰も皆同じ覚悟だろうが、兄さんは必ずやって見せる。そうでなければ兄さんが今まで読んで日本国体の優美《ゆうび》に感激し忠臣烈士《ちゅうしんれっし》に全生命、全魂魄《こんぱく》を捧げてきた感激が無になってしまう。

そこでお願いだが、教子《きょうこ》と大きい兄さんとでお父さんお母さんをうんと大事にしてくれ。勿論《もちろん》この兄さんも大切に慰《なぐさ》めぬわけではないが、それ以上に教子達でお父さんお母さんを慰めてやってくれ。お父さんお母さんが兄さんを忘れるほどに。そうすれば兄さんも安心して心残りなく暴れることが出来る。頼むから教子と兄さんでお父さんお母さんを慰めてやってやってくれ」

涙下《くだ》る文章である。黒木がいかに親思いの人物であったかわかる。わが国最大の国難において皇国日本を護持するため、親、兄妹を守り抜くため命を擲《なげう》つ自分に代って、愛妹《あいまい》に長兄とともに両親への孝行を切願したのだ。満十九歳の時である。何と立派な若者であろうか。大東亜《だいとうあ》戦争において二百万以上の軍人が護国の忠霊《ちゅうれい》、靖国《やすくに》の英霊《えいれい》として散華《さんげ》したが、中でも黒木少佐の高貴な人格と精神は明治維新の志士と比べて寸分《すんぶん》劣らない。このような稀有《けう》の忠誠無比《ちゅうせいむひ》の勇士を育て上げたのが、両親ことに母わきであった。

13

大高貞立尼（大高源五・母）

これまで長い間日本人が愛好してきた国民劇は「忠臣蔵《ちゅうしんぐら》（大石内蔵助《おおいしくらのすけ》ら赤穂義士《あこうぎし》の物語）」である。芝居《しばい》、劇、歌舞伎《かぶき》、映画の王座を占めてきた。江戸時代、全国に芝居小屋があったが、その出し物の一番人気は忠臣蔵であった。観客が少なくなると必ずまた忠臣蔵をやる。すると大入満員となる。日本人はなぜかくも忠臣蔵を愛好してやまないのか。忠臣蔵のあら筋を知らない人はほとんどいない。それなのにこれまで日本人は飽きもせず繰返《くりかえ》して芝居や映画を見続けてそのたびごとに深い感動を味わい涙を流してきたのである。

平和が続き平穏《へいおん》だった江戸時代、幕末の国難時を別として、当時の日本人に最大の衝撃《しょうげき》と感動を与えたのが忠臣蔵の出来事であった。それは日本国民が永遠に語り継ぐべき民族の誇りある物語の一つであり、日本人の精神的文化遺産の一つである。日本人とは何かを知りたければ、忠臣蔵の劇・映画を見れば良いといった人があるがもっともな言葉である。

昭和三十五年、歌舞伎が始めてアメリカ・ニューヨークで紹介されて、忠臣蔵が公演されたがアメリカ人が絶讃したことを河竹登志夫《かわたけとしお》はこうのべている。

「封建《ほうけん》ドラマ、仇討《あだうち》劇の最たるものとして不評をこうむるのではと、外務省筋も心配していた『忠臣蔵』が絶讃を浴びたのである。ニューヨークの初日の夜、この幕が終った時ロビーで会った川端康成《かわばたやすなり》さんが大きな目をさらに大きく見開いて、『歌舞伎ってたいしたもんですねえ。私の隣り近所は全部アメリカ人でしたが、婦人がたなどハンケチ出して泣いていましたよ』と感心して語ったのを忘れない。誇張でも何でもなくそうした反応が事実であることは、毎回客席にいて見ていた私がよく知っている。同様の結果は、その翌年のソ連でも一九六五年のヨーロッパ――ベルリン、パリでも証明された」

忠臣蔵の劇は欧米人をも感動させたのである。忠臣蔵は主君《しゅくん》に忠義《ちゅうぎ》、忠誠《ちゅうせい》を捧げた四十七人の旧赤穂藩士《あこうはんし》四十七人の「義士《ぎし》」の物語である。つまり武士道を踏み行なった「義《ぎ》（忠義、道義《どうぎ》、義《ただ》しき道）」の物語である。日本人は大石内蔵助始め四十七士（赤穂義士）を、日本人として最も美しく気高《けたか》い立派な生き方をした手本、鑑《かがみ》、模範の一つとして仰《あお》いできたのであった。人間には色々な生き方がある。美しく正しく生きるのも、汚《きたな》く邪悪《じゃあく》に生きるのも人それぞれだ。これまで日本人は赤穂義士《あこうぎし》の生き方に深く感動して、忠臣蔵の劇、映画を飽きることなく愛好してきたのであった。

四十七士はいずれも立派な武士中の武士だが、その中で四人もの義士を出したのが、小《お》野寺《のでら》・大高《おおたか》・岡野《おかの》の一門である。小野寺十内《おのでらじゅうない》、大高源五《おおたかげんご》、小野寺幸右衛門《おのでらこうえもん》、岡野金右衛門《おかのきんえもん》の四士である。小野寺十内が最年長の六十一歳、その養子が小野寺幸右衛門（二十七歳）、幸右衛門の実兄が大高源五（三十一歳）、岡野金右衛門（二十三歳）は小野寺十内の甥《おい》である。

その中でも大高源五の奮闘は目覚《めざ》ましかったが、大高には貞立尼《ていりゅうに》という老母がいた。貞立尼は小野寺十内の妻の姉だが、実に立派な母であり、この母があって大高源五という四十七士を代表するといってよい義士が出たことがわかる。その大高が討入り直前、母に出した涙のたよりを今日の文章に書き改めて掲げよう。

私がこのたび江戸へ下《くだ》りますことは母上《ははうえ》にかねて申し上げた通り、ただ一筋《ひとすじ》に主君浅野《しゅくんあさの》内匠頭様《たくみのかみさま》の吉良上野介《きらこうずけのすけ》に対するお憤《いきどお》り、無念《むねん》のお心持ちを晴らし奉《たてまつ》り、主君切腹《せっぷく》・浅野家取《と》り潰《つぶ》しという恥辱《ちじょく》を雪《そそ》ぎ申したい一心《いっしん》にあります。浅野家には多くの家臣がおり、主君から高禄《こうろく》を頂き厚恩《こうおん》に預《あずか》った武士がある中で、私は微禄《びろく》（二十五石）の下級藩士でしたのでお殿様から格別懇《ねんご》ろな扱いをされたわけではありませんから、この討入《うちい》りの義挙《ぎきょ》に加わらず、ご老齢《ろうれい》の母上を最後までお世話（源五のほか面倒を見る家族がいない）しても誰からも非難を受ける立場ではありません。

しかし私はお殿様のお側《そば》近くで奉公《ほうこう》し、朝夕《あさゆう》ご尊顔《そんがん》を拝《はい》したことが片時《かたとき》も忘れられません。吉良上野介より与えられた侮辱《ぶじょく》に耐《た》えかねて、誠に大切なる御身《おんみ》を捨てられ浅野の家をも家来をも思《おぼ》し召《め》し離《はな》されてご鬱憤《うっぷん》を遂《と》げられようとして吉良をお討《う》ち損《そん》じ、あまつさえ嘆かわしいご最期《さいご》を遂《と》げられましたこととは、ご運がつきたこととは申しながら無念至《むねんし》極《ごく》、恐れながらその時のお殿様のご心底《しんてい》をおしはかり奉《たてまつ》るならば、骨髄《こつずい》に浸《し》み透《とお》り一日片時《かたとき》も安らかな心はありません。

以上申し上げた通り、私の存念《ぞんねん》はあくまで武士の道を立て、お殿様の讎《あだ》（仇、かたき）を打つまでのことで、全《まった》く天下（幕府のこと）に対し奉《たてまつ》りお恨《うら》み申し上げる心は少しもありません。しかしながら赤穂四十七士の討入りは幕府への怨恨《えんこん》であるとして、我々のみならずその家族・親妻子までも同罪として処罰に及んだ場合、死にゆく私どもはどうすることもできません。万一そのようなことになれば、幕府の命ずるまま処罰を受けるお覚悟をして下《くだ》さいませ。早まってご自害《じがい》など決してなさりませんよう心よりお願い致します。

母上がもし世の常の女性のようにかれこれとお嘆きの色を見せられて愚かにおわしますならば、私としていかばかりお気の毒で心苦しく思い惑《まど》うことか知れませんが、さすが常々立派なお覚悟が定まっていらっしゃり、このたびはかえって義挙《ぎきょ》に加わることをおすすめ下さいました。全《まった》く生涯の仕合《しあわ》せ（幸せ）、未来の悦び、何事がこれに過ぎるものはありません。あっぱれ我々兄弟（大高源五と小野寺幸右衛門）は侍《さむらい》の冥利《みょうり》（知らず知らずのうちに神仏が下す利益）に叶《かな》いますこと、まことに浅からぬ本望《ほんもう》に存じます。討入《うちい》りの成行《なりゆき》についてはご心配なさらずにいて下さい。私三十一歳、幸右衛門《こうえもん》二十七歳、九十郎《くじゅうろう》（岡野金右衛門）二十三歳、いずれも崛竟《くっきょう》の者共（武芸のすぐれた勇士）です。容易に本望を遂げて亡きお殿様のお心を安め奉《たてまつ》りたいと存じます。どうかお心安く思召《おぼしめ》し唯々息災《ただただそくさい》にてお元気でお過ごし下さり、時が立ちほとぼりがさめ世間がおだやかになるのをお待ち下さいませ。

段々お年を召《め》されて余生《よせい》長からぬお体、さぞかしお心細く思われ、身よりも少なくとぼしい生活を続けてゆかねばならないことを思うと、私の心はふさがりますがもはやどうすることもかないません。時においては主君の為に、父母の命をも失っても踏み行わなければならないのが、武士の「義」の道であります。こうした道理に暗からぬ母上様であることは十分承知しておりますが、筆にまかせて申し上げました。

本当の武士にとって何よりも大切なものが「義《ぎ》」であった。武士道の根本は義（忠義・道《どう》義《ぎ》・義《ただ》しき道）だが、それを実践しようとする時、親子の恩愛《おんあい》の絆《きずな》、家族の人情をも絶ちきって父母の命をも顧《かえり》みることが出来ない場合がある。大高源五《おおたかげんご》は武士の義の道の重さを切々《せつせつ》とのべているのである。そうして本来ならば自分が最後まで孝養《こうよう》を尽し面倒を見なければならない年老いた母を残してゆかねばならないことのつらさ、哀《かな》しみを吐露《とろ》している。

しかし貞立尼《ていりゅうに》は何ともすぐれた母で、源五に義挙に加わることをすすめたのであった。普通であれば自分は老母がいるから参加できないと断ってよいのである。しかし源五は「主君のために父母の命をも失《うしな》い申すこと、義と申すもののやみがたきためしにて候《そうろう》」（原文）と固く信ずる真の武士であった。貞立尼がかくも立派な母であったから、このような息子がいたのである。母が立派でなければこのような人物はとうてい現れない。わが国にはこうした母が少なからずいたのである。

武士道の一つの手本、模範、典型、鑑《かがみ》とされた忠臣蔵の物語、赤穂四十七義士の示した美しく立派な生き方が、後世の日本人に与えた絶大な感化、影響は計り知れない。

第2章　偉人を支えた妻

1

小泉節子（小泉八雲・妻）

いま日本文明が世界的な注目を浴びている。近代の数百年間、世界を支配してきたのはキリスト教と科学技術を柱とする西洋文明だったが、今日欧米主導《しゅどう》の西洋文明は破綻《はたん》しつつあり凋落《ちょうらく》せんとしている。今後の世界人類を指導する文明は何か。それは日本文明以外にないことが、心ある内外の識者《しきしゃ》により指摘されている。

日本の文明――歴史、伝統、文化、宗教、日本人の精神・国民性――につき、それがいかに世界に類稀《たぐいまれ》な卓越《たくえつ》した価値を有するか最初に気づいた外国人がギリシャ生まれのラフカディオ・ハーン（後に帰化《きか》して小泉八雲《こいずみやくも》）である。

八雲は地球上からとっくに消え失《う》せてしまったと思っていた人類の原初的《げんしょてき》な文化――多神教・汎神《はんしん》教の神々の世界、自然崇拝・祖先崇拝を柱とする社会、つまり神道《しんとう》が生きている世界――が東洋の果てにある日本に厳然として今日に息づいていることに対して心の底から驚嘆・感動した。八雲は日本文明の核心である神道を正しく理解できた最初の西洋人であった。はじめすぐに離れるつもりだったが結局永住、帰化して松江の小泉節子《こいずみせつこ》と結婚するのである。来日して出雲に住んだから、八雲と名乗った。

八雲は日本の歴史・伝統・文化・宗教と人々の生き方、くらしに深く魅了され、日本と日本人を最も深く愛し、日本人の心に世界のどこにもない美しさを見い出して、無類の共感と愛情を以てそれを美しい文章（英文）に書きとどめた。それは後世に長く永遠に伝えられるべき卓越《たくえつ》した日本文化論・日本文明論・日本人論であり（講談社学術文庫から代表的な著作が数冊出ている。これを読むなら誰もがそれを納得できる）、現代の古典というべき名著である。帰化した八雲がいかに日本を愛したかは、妻節子に語った次の言葉に明《あき》らかである。

「私この小泉八雲、日本人よりも本当の日本を愛するです」

八雲は日本語の読み書きはほとんど出来なかったが会話は出来た。しかしやや不完全だったのでこういう言い方をした（身近《みぢか》な人々は「ヘルン言葉」といった。現在〝ハーン〟というが当時は〝ヘルン〟と呼んでいた）。今日、八雲の作品は「英文学の最大の宝の一つ」との高い評価を受けているが、日本語の読めなかった八雲はどうしてそれが可能であったのか。それは偏《ひとえ》に節子夫人に負《お》っている。節子があらゆることにつき読聞《よみき》かせ、あるいは説明したのである。八雲は節子の話を繰り返し繰り返し聴いて、想いを練りそれを英文に綴《つづ》ったのである。

小泉節子は明治元年（一八六八）生まれ、明治二十三年、四十一歳の八雲と結婚した。十九歳の差があった。節子は松江藩上士《じょうし》の娘で、学問、芸能において一通りのたしなみがあった。人格、頭脳ともにすぐれ、茶道、生花はいうまでもなく多趣味で絵画、彫刻、演劇、音曲《おんぎょく》等何でも興味があり好きで、建築、庭園等の趣味まであった。学歴こそなかったが、当時の日本女性としては最も教養ある婦人の一人であったことは、何より八雲の幸せであったのである。全盲の塙保己一《はなわほきいち》は多くの人々に本を読んでもらったが、日本語の読めない八雲はすべて節子に読んでもらったのである。節子は八雲について『思い出の記』を残しているがこうのべている。

「中学でも師範《しはん》（学校）でも生徒さんや職員方からも好かれますし（八雲は英語教師）、土地の新聞もヘルンの話などを掲げて賞讃しますし、土地の人々は良い教師を得たというので喜びました」

「何事も日本風を好みまして、万事日本風に日本風にと近づいて参りました。西洋風は嫌いでした。西洋風になるとさも賤《いや》しんだように、『日本にこんなに美しい心あります。なぜ西洋の真似《まね》しますか』という調子でした」

「ヘルンは極正《ごく》直者でした。微塵《みじん》も悪い心のない人でした。女よりも優しい親切なところがありました。ただ幼少の時から世の悪者どもにいじめられて泣いて参りましたから、一刻者《いっこくもの》（がんこ者）で感情の鋭敏な事は驚くほどでした」

「交際もしないで、一分の時間を惜しんだのでした。『あなた、自分の部屋の中でただ読むと書くばかりです。少し外に自分の好きな遊びして下さい』『私の好きな遊び、あなたよく知る。ただ思うと、書くとです。書く仕事あれば私疲れない、と喜ぶです。書く時、皆心配忘れるですから、私に話して下《くだ》され』」

「怪談《かいだん》は大層好きでありまして、『怪談の書物は私の宝です』と言っていました。私は古本屋をそれからそれへと大分探しました」

「私が昔話をヘルンに致します時には、いつも始めにその話の筋を大体申します。面白いとなると、その筋を書いて置きます。それから委《くわ》しく話せと申します。それから幾度となく話させます。私が本を見ながら話しますと、『本を見る、いけません。ただあなたの話、貴方《あなた》の言葉、あなたの考えでなければいけません』と申します故《ゆえ》、自分の物にしてしまっていなければなりませんから、夢にまで見るようになって参りました」

「書斎で独りで大層喜んでいますから、何かと思うて参ります。『あなた喜び下され、私今大変よきです』と子供のように飛び上がって喜んでいるのでございます。何かよい思いつきとか考えが浮かんだ時でございます。こんな時には私もつい引き込まれて一緒になって、何と言う事なしに嬉しくてならなかったのでございました」

「晩年には健康が衰えたと申していましたが、淋しそうに大層私を力に致しまして、私が外出する事がありますと、まるで赤ん坊の母を慕うように帰るのを大層待っているのです。私の足音を聞きますと、ママさんですかと冗談など言って大喜びでございました。少しおくれますと車が覆《くつがえ》ったのではあるまいか、途中で何か災難でもなかったか心配したと申しておりました」

八雲が節子夫人をいかに親愛してやまなかったか思いやられる。節子がいなければ八雲の名作は決して生まれなかったのである。十九歳年下の節子を「まるで赤ん坊の母を慕うように帰るのを大層待っている」という八雲の純情に心が打たれる。節子は話し手として絶大な貢献をしたが、八雲が万葉集のことなどむづかしい質問をした時答えられず、程度の高い女学校を卒業しなかったこと、自由に英語を話せないことを残念に思って詫《わ》びた。するとハ雲は節子を自分の書物を入れてある戸棚の前に手を引いて行きこう言った。

「これだけの書物は誰の骨折《ほねおり》で出来ましたか。あなたに学問があれば、こんな面白い話をしてくれません」

節子が近代的、西洋的な学問を受けていたならば日本の古い昔話などしてくれなかったに違いないという意味である。そして少しでも「暇《ひま》があれば本を読んで話を聴かせて下さい」と頼むのである。

八雲にとり節子はいとおしくやさしく賢い最愛の妻であり「母」であったのである。四十一歳まで家庭の和楽の味を知らず精神的な愛に飢えていた八雲は神の国日本にやってきて、節子という女神《めがみ》を得て始めて魂の悦ぶ安住の地を得たのである。八雲の名作の数々は一心同体の節子との共同作品であった。

2

大山捨松（大山巖・妻）

わが国初めての女子海外留学生の一人が大山捨松《おおやますてまつ》である。明治四年、北海道開拓使《ほっかいどうかいたくし》は女子留学生をアメリカに派遣した。五人の十代の女性が志願した。一番上が十五歳、一番下が八歳の津田梅子《つだうめこ》で、捨松は十二歳だった。みな士族の娘たちである。

捨松は旧会津藩家老山川重固《やまかわしげかた》の娘である。兄に山川浩《ひろし》（陸軍少将）、山川健次郎《けんじろう》（理学博士・東京帝大総長）がいる。この留学を勧めたのは長兄の浩である。次兄の健次郎は明治四年一月、北海道開拓使留学生としてアメリカへ出航している。

十二歳の少女を海外に留学させるとき、母は悩み心は揺れ動いた。白人の住む生活習慣、文化が全《すべ》て異なる牛や豚の肉を食べる外国に、可愛い娘を出すことはよほどの覚悟を要した。母は咲子《さきこ》という名を「捨松《すてまつ》」と改名した。「捨てたつもりでアメリカにやるが、お前がお国のために立派に学問を修めて帰る日を心から待っている」という意味で、親子は水盃《みずさかずき》を交《かわ》したのである。五人は出発前、振り袖姿で参内《さんだい》、皇后陛下から親しくお言葉を賜《たまわ》り励ましを受けた。その際のお言葉（御沙汰書《おさたがき》）はこうだ。
「其方《そのほう》女子にして洋学修業の志、誠に神妙《しんみょう》の事に候《そうろう》。追々女学《おいおいじょがく》（女子教育）御取立《おとりたて》の儀《ぎ》に候《そうら》えば、成業帰朝《せいぎょうきちょう》の上は婦女の模範とも相成《あいな》る様《よう》心掛け日夜勤学《きんがく》致す可《べ》き事」

捨松はこの日の深い感激を一日も忘れることなく勉学に励んだ。捨松は一アメリカ人の家庭に寄宿し一から学んだ。武士の娘として躾《しつけ》られた美しい品性をもつ捨松は、その家の人々から「誰も欠点を見つけることが出来ない」ほど気に入られ好かれ、一歳年上の末娘アリスとは生涯の親友となった。

人格、品性、知能とも申し分なく加えて容姿端麗《ようしたんれい》だった捨松は地元の高校を出たあと、名門女子大学に進んだ。十九歳から二十三歳まで学んだが、成績は常に最優秀、二年生の時にはクラス委員長に選ばれている。決して勉強だけに打ちこんだのではなく、他の学生たちと誠意をもって親しく交際したのでたちまち構内《こうない》の人気者となった。武士の娘としての気高《けだか》い品性はアメリカ人女子学生にはないものだったから、彼女たちをすっかり魅了してしまったのである。

いよいよ卒業の時、捨松は卒業生代表の一人に選ばれて、「イギリスの日本に対する外交政策」という題で演説した。その日、演壇に立った捨松《すてまつ》の美しい着物姿に、会場を埋め尽した人々から思わず溜息《ためいき》が洩《も》れた。捨松の演説は、イギリスがいかに利己主義的な政策をもって日本を含む東洋の国々を非道無法に扱い、日本をイギリスの支配下に置き、インドなどと同じ運命を辿《たど》らせようとしているかについての痛烈な非難であった。捨松の演説は十人中最も素晴らしく、途中しばしば拍手のため中断、演説が終ったときしばらくの間拍手は鳴りやまなかった。えもいわれぬ美しい和服姿をまとった日本女性の烈々《れつれつ》たる大和《やまと》魂《だましい》のほとばしりに、アメリカ人も深く感銘したのである。捨松は日の丸を背負って十一年間異国で頑張り抜いた誇るべき日本女性の鑑《かがみ》であった。

明治十五年暮、捨松は帰朝《きちょう》した。東京の山川家では母と家族が待ち受けて涙のうちに抱きあった。そのあと捨松の運命はさらに一転する。翌年、陸軍卿《きょう》(陸軍大臣)大山巖《おおやまいわお》と結婚した。捨松二十四歳、大山四十二歳である。大山は妻がまだ幼い四人の子供を残して亡くなったため後妻を求めていた。アメリカ帰りの才色兼備《さいしょくけんび》の捨松が最適ということで山川家に申し入れた。当主の山川浩は、薩摩《さつま》は長州《ちょうしゅう》とともに会津《あいづ》にとり憎むべき旧敵だから即座に断った。

ところが大山のいとこで親友の西郷従道《さいごうじゅうどう》が何度も足を運び、「今や日本は日本人同士が敵だ味方だといって争う時ではない。一般の人の模範となるように昔の仇同士《かたきどうし》が手を握って新しい日本の建設に当るべき」だと山川浩を説得した。山川も会津武士の代表ともいうべき立派な人物だったので西郷従道の熱誠《ねっせい》に打たれて軟化《なんか》、本人が承諾するならばと折れた。

そこで大山と捨松はたびたび会った。捨松はアメリカに十一年もいたから日本語の会話に慣れていない。大山の薩摩弁と捨松の会津弁では話がよく通じない。そこで二人はこのとき英語やフランス語で会話したという。捨松は英語、フランス語ともに自在だった。大山はフランスに留学したからフランス語も英語も出来た。二人とも欧米をよく知るハイカラのところがあったから相性《あいしょう》が合った。ことに大山は捨松に深く惚《ほ》れこんだ。こうして十八も年が離れていたが二人はめでたく結婚した。

大山巖は山県有朋《やまがたありとも》とともに明治の日本陸軍を築き上げた人物でこの時、陸軍卿《きょう》・陸軍中将《ちゅうじょう》である。そのあと陸軍大臣、陸軍大将、参謀総長、元帥《げんすい》となり日露戦争では満洲《まんしゅう》軍《ぐん》総司令官として大活躍、戦後、公爵《こうしゃく》に上《のぼ》った。捨松は陸軍最高首脳の若き夫人として夫を支え内助《ないじょ》の功《こう》の限りを尽した。先妻の残した四人と大山との間に授かった三人の子供を分け隔てなく育て上げた。また陸軍卿・陸軍大臣・参謀総長・満洲軍総司令官夫人として八面六臂《はちめんろっぴ》の活躍をした。

結婚した一ヵ月後に出来たのが鹿鳴館《ろくめいかん》である。明治十六年からの三、四年間は「鹿鳴館時代」であった。大山と捨松《すてまつ》の結婚披露の晩餐会《ばんさんかい》は鹿鳴館で行われたが、千人もの人々が集った。捨松はアメリカ仕込みの見事なホステスぶりを発揮して、早くも社交界の花形として注目を浴びるのである。「鹿鳴館の花」としての役割はこの時から始まる。

当時の日本の悲願は幕末、幕府が結んだ不平等条約の改正であった。明治政府はそのためわが国の近代化に全力を上げた。それは西洋文明を導入して文物《ぶんぶつ》制度を一新し、近代的産業を興《おこ》して「富国強兵《ふこくきょうへい》」を実現し、日本を欧米に侮《あなど》られぬ国にすることであった。その一環として鹿鳴館が作られた。二階建ての広大な西洋建築で、一階は食堂や休憩室、二階には舞踏場、宿泊室があった。

鹿鳴館が完成するとここで夜会《やかい》や舞踏会《ぶとうかい》がしばしば行われた。ここには政府高官、各界の名士、外国公使、お雇《やと》い外国人などが夫婦同伴で招待され、豪華な食事に舌鼓《したづつ》みを打ち、音楽の伴奏のもと華やかな舞踏会が行われた。日本は決して未開な野蛮国ではないと欧米に示そうとしたのである。

婦人たちは洋装しコルセットで身体《からだ》を締めつけ、なれぬハイヒールをはき痛さをこらえて「これもお国のため」と言いきかせけなげにつとめたのである。外国人相手に踊ることが多いから英会話の勉強も欠かせなかった。

こうした中で捨松は英会話、洋装、西洋式礼法などにつき最も熟達し誰よりも洗練されており、加えて容姿端麗《ようしたんれい》だったから、鹿鳴館の女主人として一夜にして「鹿鳴館の花」と呼ばれるようになった。娘の一人は「ママちゃんの夜会服姿はそれはそれはきれいだったよ」と語っている。捨松はこれがお国の役に立つならば毎晩でも喜んで夜会に出席しよう、これが自分に課せられた義務と信じ先頭に立って努めたのであった。

また捨松は自分の体験から女子教育の重要さを痛感していたから、ともに留学した津田《つだ》梅子《うめこ》が創立した女子英学塾（現津田塾大学）に対して物心両面にわたる全面的な協力を惜しまず、顧問として塾長の梅子を支えた。

夫の大山巌《おおやまいわお》は日清戦争、日露戦争に出征《しゅっせい》したが、その間捨松は銃後《じゅうご》の妻として、包帯作り、戦病者への慰問活動などに全力を尽した。大山巌にとり捨松は誇らしい妻であり、全《まった》く申し分のない最愛の伴侶《はんりょ》であった。大山は大将の中の大将といわれた心の広く大きな思いやりの深い大人物であった。捨松との仲は回りの者が羨《うらや》むほどであった。日露戦争のころ捨松は親しい人に、

「主人の一番好きなのは児玉《こだま》さん、次が私で三番目はステーキです」

と言っている。児玉は大山が陸軍大臣のときに次官、参謀総長の時に参謀次長、満洲軍《まんしゅうぐん》総司令官の時に総参謀長として補佐した。児玉は大山を心から尊敬し大山もまた児玉を深く信頼、この二人の組合せは最良といわれた。それゆえ捨松《すてまつ》は「主人が一番好きなものは児玉さん」と言ったのだが、本当は「主人が一番好きなものは私、次が児玉さん」と言いたかったのである。捨松は大山にとりそれほどの恋女房であったのである。

3

緒方八重（緒方洪庵・妻）

幕末第一の蘭学《らんがく》塾を主宰《しゅさい》したのが緒方洪庵《おがたこうあん》である。この塾は「適塾《てきじゅく》」とよばれたが、今も大阪に現存している二百二十数年前の建物（二階建・建坪九十坪）である。適塾には青森県・沖縄県を除く全国から千人を超える人々が学んだ。有名な人物では、橋本左内《はしもとさない》、大《おお》村益次郎《むらますじろう》、福沢諭吉《ふくざわゆきち》、久坂玄機《くさかげんき》（玄瑞《げんずい》兄）、佐野常民《さのつねたみ》、大鳥圭介《おおとりけいすけ》、長与専斎《ながよせんさい》、杉亭二《すぎこうじ》らがいる。明治維新《めいじいしん》と明治の時代に活躍したすぐれた人物を数多く生み出した。ことに医者が多い。

適塾において人々がいかに猛烈に学んだかはよく知られている。塾生は多い時、五十人以上寄宿していた。それゆえ二階の書生部屋は、一人あて畳一枚である。そこに机、ふとん、身の回りのものがおかれたから、部屋はいつもすし詰め状態だったが、人々は火の出るような真剣さで師洪庵《こうあん》に学んだ。

オランダ語を学ぶためには辞書がいるが、その蘭日辞書《らんにちじしょ》「ヅーフ・ハルマ」は塾にただ一部しかなかった。辞書のおかれた「ヅーフ部屋」は、多数の塾生が順番に利用した。夜、ヅーフ部屋の明りが消える日はなかったという。毎月原書を読む会読《かいどく》が六回行われる。一人一人数行ずつ原書のオランダ語を読んで解釈するのである。そのあとに他の塾生の質問を受け討論が行われる。その成績が優秀であれば一つ上級に進み、書生部屋の中のよい所（一畳）を選べた。部屋の入口付近になると夜中、足を踏まれたりするから、みな必死になって励んだ。

緒方洪庵《おがたこうあん》は十七歳の時、蘭学に志し刻苦勉励《こっくべんれい》、二十九歳のとき蘭学医として立ち大坂で開業するとともに蘭学塾《らんがくじゅく》を開くのである。洪庵《こうあん》は医師並びに蘭学者として素晴らしい働きをして病人を救うとともに多くの医師、人材を育て上げ、今日わが国蘭医学の集大成者として讃えられている。

この洪庵の妻が八重《やえ》である。洪庵は二十九歳の時十七歳の八重と結婚した。八重は医師の娘である。二人は琴瑟相和《きんしつあいわ》し（夫婦仲が非常によいこと）、十八年間に十三人もの子供が授かった（そのうち四人は夭折《ようせつ》）。次々に毎年のように生まれたから育児の苦労は筆舌に尽しがたい。八重は洪庵とともに子女の教育につとめ、男子からは洪庵の後をつぐ立派な医者を出している。

適塾《てきじゅく》は結婚してすぐに開かれたから、八重にとり適塾の世話は並大抵ではなかった。多い時は五十人以上も寝泊まりしているのだから、食事はじめ目の回るような毎日であった。八重は年若い寮母として女中を指揮し真心こめてつくしたから、塾生から慈母のごとく慕われた。

育児と適塾のやりくりには多大の費用がかかった。洪庵が高名になり収入は増えるが、これだけの大所帯をかかえているから支出も多い。それゆえ一家の生活は極めて質素で食事は一汁一菜を普通とした。八重は着物を十年間も新調しなかった。結婚当初は手元《てもと》不如《ふにょ》意《い》（家計が苦しいこと）だったから、帯を二両で売ったりした。また八重は遠くにいる洪庵の両親に対して折あるごとに孝養を尽した。全く妻・母の鑑《かがみ》というべき女性であった。適塾は八重夫人の内助《ないじょ》の功《こう》なくしてとうてい存在しえなかったのである。

洪庵は蘭学者として最も優秀であったが何より人格が高く、常に弟子たち、医師を目指す人々に「道のため、人のため、国のため」に力を尽くすことを言いきかせた。最晩年将軍家の「奥医師」にまでなり、西洋医学所頭取という蘭学医最高の地位にまで進んだが、文久三年（一八六三）惜《お》しくも五十四歳で亡くなった。

そのあと八重《やえ》は残された子供が一人前になるまでさらに苦労を重ね懸命に生きた。男子のうち惟準《これよし》・惟孝《これたか》・収二郎《しゅうじろう》は父のあとをつぎ立派な医者となった。

明治九年、洪庵《こうあん》十四回忌に東京在住の旧塾生は、当時陸軍一等軍医正だった惟準の邸宅で第二回の懐旧会《かいきゅうかい》を開いた。八重は大阪から出て来て塾生と歓び合った。八重は明治十九年、六十五歳で亡くなる。葬式は空前の盛儀《せいぎ》で葬列は1、2キロも続いた。福沢諭吉《ふくざわゆきち》は生前八重を「お母さん」と慕っていたが、葬式の翌月大阪にきて新墓を拝した。その時、袖と裾《すそ》をくくり、縄をたわしにして墓石をきれいに洗い上げた。八重は全国で活躍する洪庵門下生の慈母としてかくも敬愛された。

4

野中千代子(野中至・妻)

野中至《のなかいたる》は気象観測者でわが国の高山気象観測の先駆者《せんく》の一人である。野中は慶応三年(一八六七)福岡で黒田藩士の家に生まれた。最初は医学を志して上京、大学予備門(東大の前身)に入るが中退し、気象学を学ぶことに転向した。人柄、頭脳ともにすぐれていた。

わが国における科学的な気象学の始まりは明治八年である。東京気象台が開設されて定時気象観測が開始された。その時の大きな課題は高層気象であった。天候の推移の鍵が海抜一五〇〇メートル以上・気圧八五〇ヘクトパスカル以下であることは知られていたが、その秘密が未解明であったのである。野中はここに着目した。それを探る候補地が富士山であり、野中は私費を投じてそれを行うのである。

野中はまず冬季の富士山頂がどういう有様かを知るため明治二十八年二月、単身山頂に登った。これは氷雪《ひょうせつ》に覆《おお》われた冬の高山を日本人が初めて登った先駆である。このとき二十七歳である。そのあと観測小屋開設の資材、観測機材、食料、燃料等の準備をして、同年十月一日から山頂の小屋に一人こもり観測生活を開始した。

このときその準備作業に全面的に協力したのが、妻の千代子である。千代子は明治四年黒田家能楽師《のうがくし》の家に生まれた。母が夫至《いたる》の母の姉で、至とはいとこになる。明治二十四年に結婚した。

千代子は至が環境の厳しい冬季富士山頂で一人で観測生活をすることに心を痛めた。もし健康を害し病気にかかったならば、肝腎《かんじん》の観測が出来なくなってしまう。はじめから山頂滞在を共にする気持でいた千代子はいても立ってもおられず、二年前に生まれた長女園子を福岡の両親に預けて出かけるのである。両親は娘の健気《けなげ》な志を理解して、「園子のことは引き受けた。なべて婦《おんな》の道として命にかえて夫《つま》を助けん事、昔の聖《ひじり》の教えぞかし」と励ましてくれた。ありがたい立派な両親であった。

十月十二日、千代子は同行した実弟や強力《ごうりき》(登山者の荷物を運ぶ山案内人)に助けられて無事登頂した。留守の家を守り娘の面倒を見なければならない妻が突如目の前に現われたのだから至は驚いた。至は一人で大丈夫だから心配はいらない、明朝すぐ戻れと言った。千代子はきっぱりとこう答えた。

「事の由《よし》はあとでゆっくり申しましょう。私は思うところあってたとえいかにお叱りを受けるとも覚悟を決めて参りました。ここに留《とど》まりお手伝いをいたします」

はじめはすぐ帰れといったものの、千代子の夫を切に案ずる心を喜ばぬ筈《はず》はない。至は東京気象台から一日六回の観測を委嘱《いしょく》されていたが、独断で十二回もしていた。二時間おきだからゆっくり眠る時間もなかった。しかし千代子がきてくれ、炊事等全《すべ》てやってもらえたから骨休みが出来、観測に専念できたのである。

しかし零下十数度の極寒《ごっかん》、氷雪《ひょうせつ》が舞い烈風《れっぷう》が吹き荒《すさ》ぶ山頂生活は苦難を極めた。貧弱な小屋と暖房、希薄《きはく》な空気、粗末《そまつ》な食事（気圧の関係で米を炊いてもおかゆか半煮えにしかならない。新鮮な野菜の欠乏）、水を得る困難、排泄物の処理など……いうかたなき苦労を重ねた。やがて二人は体調を崩し衰弱していった。激励にきた強力などの人々がそれを見てすぐに気象台に通知した。十二月二十二日、気象台から救助隊が派遣され二人は下山した。二人が助け合ってもこれほど苦労し体をこわして下山せざるを得なかったのだから、至一人であったら全《まった》くどうなったかしれなかったのである。このとき千代子はけなげにも滞在と観測続行を言い張った。

明治の日本は近代国家としての再出発であった。西洋文明を導入し欧米諸国を手本として学び、何事も一から始まった。そうした時代にあって、二十代の若き野中夫妻は高い志《こころざし》を抱き情熱に燃え手を取り合って、富士山頂における気象観測というわが国初めての意義ある仕事に心血を注いだのであった。

至《いたる》はこの観測業務につき『富士案内』、千代子は『芙蓉《ふよう》日記』を記している。千代子の文章はとても立派で、彼女の人格と教養が並々ではなかったことがわかる。至と千代子は六人の子供を授かるが、三女が東京気象台職員菅原芳生《すがわらよしお》と結婚した。菅原はやがて富士山測候所長を務めた。

5

鈴木タカ（鈴木貫太郎・妻）

鈴木タカは結婚前、ご幼少の昭和天皇が四歳から十五歳まで約十年間、御養育係《ごよういく》としてお仕《つか》えした。旧姓は足立《あだち》である。父は札幌農学校二期生足立元太郎《あだちもとたろう》、長女として札幌に生まれた。元太郎は新渡戸稲造《にとべいなぞう》、内村鑑三《うちむらかんぞう》と同級で卒業後、北海道開拓使《かいたくし》に勤務、やがて農学校助教授、横浜の生糸検査所長などを歴任、養蚕《ようさん》の専門家として知られた。人情の厚いよく人の世話をする優しい人柄で人々から信頼された。

タカは東京府立女子師範学校の二期生として明治三十七年卒業したが、同年開設された付属幼稚園の初代保母に選ばれた。二十一歳の時だが、わが国最初の幼稚園保母である。タカは父に似た立派な人格を持つ幼少者教育専門家であったから、御養育係というこの上なき大事な役目を授けられたのである。最初あまりにも畏《おそ》れ多いことだから固辞したが、東宮侍従《とうぐうじじゅうちょう》長に説得されお引き受けした。

タカは誠意の限りを尽し精根をこめて奉仕した。裕仁親王《ひろひとしんのう》はご生誕後、海軍中将《ちゅうじょう》川村純義《すみよし》邸において中将夫妻によるご養育を受けた。だが四歳のとき川村《かわむら》が亡くなったので、青山の皇孫仮御殿にお移りになった。タカはいわば殿下の母親役としておつとめしたのである。タカは慈母のごとき優しさを以《もっ》てお仕えしたが、殿下のお振舞《ふるまい》がよろしからざるときは厳しくお叱りした。タカは日夜、歴史物語をお話ししてあげたが、殿下はことのほかその話をお喜びになり、タカを深く慕われた。昭和天皇は昭和五十三年記者会見において、「タカは本当に私の母親と同じように親しくしたのであります」と言われた。

タカはそのあと三十三歳の時、当時海軍次官であった鈴木貫太郎《すずきかんたろう》少将《しょうしょう》と結婚した。四十八歳の鈴木は妻を亡くしていた。タカは鈴木の両親に仕え、三人の先妻の子の養育につとめた。そのあと鈴木は海軍兵学校長となるが、タカは生徒たちに母のように慕われた。日清・日露戦争の勇将であった鈴木は海軍大将になり連合艦隊司令長官、海軍軍令部長という最高の地位に立ち、昭和四年ついに昭和天皇の侍従長《じじゅうちょう》となった。夫婦揃《そろ》って昭和天皇に身近《みぢか》にお仕えするという運命にめぐりあわせたのである。

昭和十一年二月二十六日、陸軍の青年将校が反乱を起した。彼らは軍隊を勝手に動かして斉藤実《さいとうまこと》内大臣、高橋是清《たかはしこれきよ》大蔵大臣らを殺害、鈴木侍従長に重傷を負わせた。反乱軍は鈴木邸を襲い鈴木に四発の銃弾を浴びせた。鈴木は血に染まって倒れた。兵士らは止《とど》めを刺そうとした。そのとき兵士らから銃剣を突きつけられてすぐそばにいたタカは、毅然《きぜん》と「止《とど》めはどうか止《や》めて頂きたい」と叫んだ。身を以て夫をかばおうとするタカの沈着な態度に、彼らは気圧《けお》されて引き上げた。

タカはすぐ出血する頭と胸の血止めにつとめた。やがて医者が駆けつけて手当てをした。大量の出血があったから輸血がなされた。頭部と心臓部と睾丸近くに命中したのだから致命傷であり、間違いなく死ぬはずであった。しかしタカの制止で止《とど》めが刺されず、タカがすぐさま応急処置をしたから、間一髪《かんいっぱつ》で命拾いしたのである。鈴木自身、命をとりとめたのは「タカのお蔭《かげ》であり、神仏の加護」と語っている。

もしこの時殺されたなら、終戦時の鈴木内閣はなかった。昭和二十年四月、七十九歳の鈴木は内閣総理大臣に任命された。昭和天皇は侍従長《じじゅうちょう》をつとめた鈴木を深く信頼されていた。鈴木が拝辞《はいじ》したとき、天皇はこう言われた。

「この国家危急の重大時機に際してもう他に人はいない。頼むからどうか枉《ま》げて承知してもらいたい」

こうして鈴木は老骨に鞭打ち決死の覚悟をもって就任した。鈴木は昭和天皇の御心《みこころ》を体して心血を注ぎ肝胆《かんたん》を砕いた。鈴木に課せられた責務は、いかにして国体《こくたい》を護持した上で終戦に導くかであった。アメリカは昭和二十年七月、日本に降伏を求めるポツダム宣言を出した。それは従来の要求である無条件降伏ではなく、十三ヵ条による有条件降伏ではあったが、天皇・国体についてはは一言ものべていなかった。それゆえ八月十日に行われた御前会議《ごぜんかいぎ》において、受諾の可否をめぐり意見は真っ二つに分かれた。阿南《あなみ》陸軍大臣らは天皇・国体につき明言を避けたポツダム宣言受諾に強い異議を唱えた。

そこで鈴木首相は、昭和天皇のご決断(ご聖断《せいだん》)を仰ぐという異例の措置《そち》を以て、最終決定を行ったのである。昭和天皇はこの日と十四日、再度にわたって「私のことはどうなってもかまわない」「自分はいかになろうとも万民の生命を助けたい」と涙ながらに仰せられて、ポツダム宣言の受諾をご決断された。御前会議に出席した政治、軍事の最高指導者は全員号泣《ごうきゅう》してこのご聖断に従った。ご聖断なくして終戦はあり得なかった。それが辛《かろ》うじて出来たのは、昭和天皇と鈴木の間に強く深い君臣の絆《きずな》があったからである。

タカは昭和天皇ご幼少時に御養育係をつとめ上げ、鈴木貫太郎《すずきかんたろう》の妻として鈴木の命を救った。鈴木は侍従長として天皇に仕え、終戦時、首相として渾身《こんしん》の奉仕をした。もし鈴木貫太郎・タカ夫妻がいなかったならば日本の運命はどうなっていたかわからない。

6

西郷 糸（西郷隆盛・妻）

明治維新《めいじいしん》を成就《じょうじゅ》する上に最大の働きをした西郷隆盛《さいごうたかもり》は生涯三人の妻を持った。最初の妻が伊集院《いじゅういん》家の須賀《すが》である。西郷が二十六歳の時である。しかし二年後、まだ子供も生まれないうちに離縁した。西郷の家は身分が低く十人近い大家族であった。西郷は結婚後、島津斉彬《しまづなりあきら》に引き立てられて江戸に行った。生活苦が続いたので見るに見かねた伊集院家から、須賀を引き取りたいと離婚の申出がなされた。決して不和の為ではなく西郷にとり不可抗力《ふかこうりょく》であった。

二度目は安政《あんせい》の大獄《たいごく》で幕府の逮捕を逃れるため奄美大島《あまみおおしま》にいたときで、島の名家・龍《りゅう》家の娘の愛加那《あいかな》である。西郷は大島で島民を憐《あわれ》みその生活改善に尽した。こうしたことから龍家の当主は西郷を敬愛して、親族の娘愛加那との結婚を西郷に強く勧めたのである。二人は真に睦《むつ》み合い二人の子供（菊次郎・菊子）を授かった。やがて西郷は召還《しょうかん》される。しかし当時の薩摩《さつま》藩の掟《おきて》では、島妻《とうさい》を鹿児島に連れて帰れなかったので、二人は泣く泣く別れる。

三度目が岩山家の糸《いと》である。西郷は二度にわたった五年間の遠島生活がようやく解《と》かれて、以後薩摩藩の中心的指導者として大活躍した。回りの者は西郷に強く妻帯《さいたい》を勧めた。はじめその気はなかったがやがて同意して、慶応元年《けいおうがんねん》（一八六五）結婚した。西郷三十九歳、糸二十一歳、糸は再婚であった。

糸がやってきたとき、西郷の家には次弟の吉二郎《きちじろう》の家族など合計十人を越える人々が狭い家で生活していた。その頃の逸話として二つ知られている。坂本龍馬《さかもとりょうま》が泊ったとき、龍馬は糸に、西郷の使い古しの褌《ふんどし》を所望《しょもう》した。糸はきれいに洗濯したものをさし出したが、後で西郷から「どうして新しいものを出してあげないのか」と叱られた。糸が叱られたのは生涯この時だけと言っている。もう一つは当時の家は雨漏りをする粗末な家だったから、糸は「雨漏りを直してからお迎えすればよかった」と言うと西郷は、「今は日本中が雨漏りしているのだ」と答えたことを龍馬はふすま越しに聞いた。

西郷と龍馬は肝胆相照《かんたんあいて》らす仲で、龍馬は西郷を深く敬愛した。龍馬は妻の龍《りょう》を連れて再び鹿児島を訪れているが、そのころ姉の乙女《おとめ》に手紙でこう書いている。

「これからまた春になったら妻は鹿児島へ連れ帰って、私はまた京都の戦いが始まるかもしれないので、ことによれば出かけようかと思います。それでも安心なことは、西郷吉之助の奥さんも吉之助もいい人たちなので、この人たちに妻のことを頼めば何も心配いりません」

このとき龍は二十四歳、糸は二十二歳である。西郷が不在がちの大家族の家を糸はしっかりと支えている姿を龍馬は知っていたからこうのべたのである。

西郷との仲は極めて円満で、西郷は安心して糸に家をまかせた。二人の間には三人の男子が授かった。西郷はやがて大島にいる菊次郎と菊子をよびよせたが、糸はこの二人に実子と分けへだてることなく愛情を注いだ。菊次郎は後に京都市長をつとめ、菊子は大山巖の弟誠之助と結婚した。

西南戦争で西郷が亡くなったとき糸は三十五歳である。西郷家には十一人もの人々が遺《のこ》されたが、糸は全責任をもってこの大家族の世話に明け暮れるのである。愛加那《あいかな》に対しても送金を続けてその生活を支えた。糸はやせ型の気品ある女性だったが、明るい性格で子供たちに面白い昔話を聞かせて笑わせるのが楽しみという人だった。薩摩おごじょ（女性）の一典型であった。

西郷の賊名《ぞくめい》が除かれて明治二十五年上野公園に西郷の有名な銅像が立てられたが、その除幕式に西郷従道《さいごうじゅうどう》とともに出席したとき、銅像を見た糸は思わず声を上げた。

「あらよう！　宿《やど》んし（主人）はこげんお人じゃなかったこてぇ！（あれまあ、うちの人はこんな人ではなかったのに）」

するとに隣りにいた従道は糸の足を軽く踏んで、「シー」とたしなめた。そのあと邸宅に戻った従道は一族の人々に対してこうのべた。

「あの銅像は故人の遺徳を慕って世間の人々が金を出し合って作って下さったものでごわすから（明治天皇もお手元《てもと》金を出された）、西郷家の者がかれこれ文句がわしいことを言うてはなりもはん。ようごわすな」

糸が言いたかったことはこうだった。

「お祖父《じい》さまはごく礼儀正しかお人で、相手が人夫《にんぷ》のような人であっても、おごり高ぶったりしなさることはなかった。いつも鄭重《ていちょう》なことばづかいでございもした。ましてあげんぶざまななりで人様の前に出なさることはございもさんじゃった」

折にふれて子供や孫たちに語ったことである。西郷は言葉遣《づか》いがごくていねいで常に身だしなみよく礼儀正しく上品であったから、糸は真実に反する西郷の銅像姿に納得ゆかなかったのである。銅像の西郷の顔は大体は似ているが少し違う。西郷は「ウド眼」といわれた巨眼であったが、その「まなざしは何となく慈愛のこもったものだった」と子や孫は言っている。写真は残っていないが男惚《おとこぼ》れのする実に見事な男ぶりであったから、糸は「おじいさんはよか男ぶりじゃった。鴈治郎《がんじろう》（歌舞伎役者の中村鴈治郎）に似ておじゃった」とよく言っていた。

このような糸を西郷は心から親愛し信頼した。西郷は糸の作る手料理を喜び、客の前でも少しも遠慮せず、「この料理はとてもおいしゅうございます」と手放しでほめるので、糸は顔を赤くして恥ずかしがった。糸は西郷について次の歌を残している。

雪に耐え　風もいとはず　君のため
　いでゆく人の　深き心は

糸夫人は西郷の深い心を最も身近に知る人であった。明治維新《めいじいしん》というわが国未曾有《みぞう》の国難時におけるかつてない大変革に一身を捧げた西郷の艱難辛苦《かんなんしんく》は筆舌に尽し難いが、西郷には後顧《こうこ》の憂《うれ》いなくあとを任せられる糸夫人がいたことは誠に幸せであった。

7

本間富士子（本間雅晴・妻）

本間雅晴《ほんままさはる》は大東亜《だいとうあ》戦争において開戦直後、第十四軍司令官としてフィリピンを植民地として支配していたアメリカ軍を打破《うちやぶ》り敗退させた軍将（陸軍中将《ちゅうじょう》）である。その時のアメリカ軍司令官が、戦後占領軍総司令官としてやってきたマッカーサーである。マッカーサーはアメリカ軍をたたき破り自分に敗将の汚名《おめい》を着せた本間に復讐《ふくしゅう》の念を抱き、アメリカ軍捕虜を虐待《ぎゃくたい》したとする無実の罪を捏造《ねつぞう》し、マニラで不正無法の戦争裁判を行い、昭和二十一年四月、本間を銃殺刑に処した。

この軍事裁判に弁護団証人として出廷したのが妻の富士子《ふじこ》である。富士子は大正十五年二十三歳の時、本間と結婚した。本間は三十八歳で再婚である。本間は最初の結婚に失敗している。最初の妻は本間が三年間のイギリス滞在中に別の男と情《じょう》を通じた。妻の素行《そこう》を東京の友人から知らされた本間は絶望に陥り、ロンドンの日本料理店の四階の窓から飛びおり自殺しようとまでした。これを必死になってとめたのが陸軍士官学校同期生の親友、今村均《いまむらひとし》である。

純情一途《いちず》な本間は妻を愛していたから妻の過《あやま》ちを許して元通りの家庭にしたいと強く願ったがそれはならず、結婚七年後に離婚した。本間には二人の男児が残された。

富士子とは見合いして結婚した。そのとき本間は彼女に好感を抱いた。富士子は迷って一ヵ月も返事をしなかった。本間は手紙を出した。

「私は一度結婚に失敗した男です。これからの生活を慎重に大切に築きたいと思っております。私はあなたを愛せる自信を持ちましたが、先日の印象でもし好意が持てないと思ったら、率直《そっちょく》におことわり下さい。よく考えて、自分の意思で決定していただきたい」

本間の手紙に誠意を感じた富士子の心はこれで決まった。富士子は誠実で素直で明るく正義感の強い女性だった。本間の妻として全力投入し、先妻の二人の子供にも母として深い愛情を持って接した。継母という意識をとり払い、機嫌をとったりやたら甘やかしたりしなかった。二人には二児が授かった。本間は富士子を後妻に得られたことを深く感謝した。

昭和二十一年一月、マニラにおいて本間の裁判が行われた。富士子はアメリカのこの無法不正な戦争裁判で愛する夫が不当な罪名を蒙《こうむ》って処罰されることを許しがたく思った。弁護団側から証人としての出廷を要請されたとき、「夫のためになることなら、どんなことでもいたします」と応じた。富士子は「私が行って励まして上げねば、そしてこんな馬鹿な裁判に勝ち抜かなければ」と真剣に思ったのである。このとき四十二歳である。

二月七日、富士子は弁護団側最後の証人として出廷した。和服姿の富士子は落ち着いた態度で少しも心の動揺を見せることなく張りのある声で証言した。最後に「あなたの目にうつる本間中将はどのような男性か、それをのべて下さい」との尋問に富士子は、こう語った。

「私は東京からこのマニラへ夫のために参りました。夫は戦争犯罪容疑で被告席についておりますが、私は今もなお本間雅晴の妻であることを誇りに思っています」

こう毅然《きぜん》と言い放った富士子の言葉が通訳によって伝えられると、法廷のあちこちからすすり泣きの声が起った。富士子は続けた。

「私に娘が一人ございます。いつか娘が私の夫のような男性とめぐりあい、結婚することを心から望んでおります。本間雅晴とはそのような人でございます」

本間の伝記(『いっさい夢にござ候――本間雅晴中将伝』)を書いた角田房子《つのだふさこ》はこうのべてい

る。

「引きしぼった弓のように緊張に貫かれた富士子の小柄な体がかすかに前後に揺れている――と傍聴席の並河《なみかわ》は気づいた。夫への愛と信頼、また生来《せいらい》の勇気のすべてを彼女は証言台のひとときに注《そそ》ぎ尽そうとしていた。その目には一滴の涙もない。泣いてなどいられないという必死の思いが、富士子を駈りたてていたのであろう。富士子の証言の初めからハンケチを顔に当てていた本間は、このころには肩を震わせて嗚咽《おえつ》していた。……旧敵国の憎悪《ぞうお》に満ちた法廷が本間の命とともに名誉まで奪い尽そうとするばかりか、母国日本さえも敗戦の混乱とはいえ無関心である中で、富士子は夫への信頼と尊敬がいかなる逆境の中でも小揺《こゆ》らぎさえしないことを宣言した。妻という人間を通じて、本間に授けられた最後のそして最高の栄誉であった」

　富士子の「まことの心」が法廷のすべての人々を深く感動させたことにつき、本間は日記にこう記している。

「妻がマニラに来た事は非常な手柄であった。……証言台に立って『今尚《いまなお》本間雅晴の妻たることを誇りとする。娘もまた本間の様な人に嫁《か》せしめたい』との証言は満廷を感動せしめ、何人《なんぴと》の証言よりも強かった。日本婦人というものを知らぬ米人並びに比人（フィリピン人)に日本婦道《にっぽんふどう》をはっきりと知らしめた英雄的言動であった。私はこれだけでも非常に嬉《うれ》しく思う。日本婦人史に特筆すべき事蹟《じせき》と思う。毎日逢《あ》えぬでも妻がマニラにおるということは私にどれだけの慰めとなり力となったか知れない。もうこの世で逢えぬと思うと名《な》残《ごり》はつきぬ。どうか幸福に健康に暮らしてくれ。子供達に一目逢いたい。これも未練だ。子供達に父は毎朝皇室を拝し、秩父宮様の御恢復《ごかいふく》を祈り(本間は秩父宮に四年間、武官として奉仕した)、伊勢大廟《たいびょう》(伊勢神宮)を遙拝《ようはい》し、弥栄神社、多渡津《たどつ》神社、御食《みけ》神社、一宮《いちのみや》神社を拝し、八幡様、成田様、高野山を拝し、長谷、浅草の観音様を拝み、観音経《かんのんぎょう》を毎朝夕誦《よ》んでいたと伝えてくれ」

二月九日、本間は富士子と最後の面会をした。許された時間は三十分であった。監視のウィリアム憲兵大尉はそれを告げて部屋に鍵をかけて外に出た。富士子は快活《かいかつ》に話しかけた。

「あなた、お体に気をつけて下さいませね。元気で日本へお帰りになる日を、尚ちゃんたちとお待ちしています」

富士子は夫がやがて生きて帰ることを固く信じていたのである。

「富《ふ》うさん……あんたは今になっても、それを本気でいっているのか」

本間はいつも妻を「富うさん」とよんでいた。夫の生還を一途《いちず》に信じる富士子をたまらなく愛《いと》しく感じた。

三十分の予定が二時間もすぎたころ、ウィリアム大尉が戻り鍵をあけた。角田《つのだ》はこう記している。

「富士子を婦人宿舎に送り届けた後、ウィリアムは証人たちの宿舎によって、ここでも酒をあおった。『こんなつらい夜がまたとあろうか』彼は並河《なみかわ》や高杉を相手に泣き声でわめいた。『あんなに愛し合っている立派な将軍夫妻が、もう今夜を最後に二度と会えないんだ。それなのにたった三十分……。おれには我慢できん。せめておれにできることは酔っぱらって時間を忘れた、ということだ。処罰でも何でも喜んで受けるぞ。おれは将軍夫妻に二時間を差し上げたことで満足だ……』若い憲兵大尉は髪をかきむしって泣いた」

四月二日、本間は銃殺刑に処された。富士子は本間にとり最愛最高の伴侶であった。

8

二宮波子（二宮尊徳・妻）

明治・大正・昭和前期まで誰一人として知らぬ人のない日本人の一代表が二宮尊徳《にのみやそんとく》である。ほとんど全《すべ》ての小学校には、少年金次郎《きんじろう》が薪《たきぎ》を背負って本を読む銅像が立てられていた。

尊徳は昭和二十年頃までの戦前の学校教育において、「修身《しゅうしん》」と言われた道徳教育の中で最も多く登場した一人である。誠実、正直、親孝行、慈愛、勤勉、質素など日本人本来の良き国民性を一身に現わした人物であった。

相模国《さがみのくに》栢山村《かやまむら》（神奈川県小田原市）の農家の子として生まれ年少期に両親を病気で失い不幸と不運、艱難辛苦《かんなんしんく》をなめ尽すが、亡き両親への感謝の心を一日も忘れず、逆境に決してめげることなく懸命に働き続け、一たん潰《つぶ》れた家を再興した。

やがて金次郎は小田原藩主大久保忠真《おおくぼただざね》に見い出され、桜町（栃木県真岡市二宮町）再建に取《とり》組《く》み十年かけてこれを成功させる。以後、関東地方近辺約六百もの荒廃した農村を次々に復興し、農村再建の神様と讃《たた》えられた人物である。この金次郎に内助《ないじょ》の功《こう》を尽したのが賢《けん》夫人《ぷじん》の波子《なみこ》である。

金次郎は三十一歳のとき中島きの（十九歳）と結婚したが、三年目離縁した。なぜそうなったかといえば、尊徳は結婚後一年足らずでかつての奉公先、小田原藩家老服部十郎兵衛《はっとりじゅうろうべえ》のところに再び出向いた。服部に見こまれて赤字に陥っていた家政の再建を懇請されたからである。金次郎は服部家に住みこみ四年間尽力してついに家政再建に成功した。

時々は帰ってくるがほとんど家にいない金次郎にきのは失望するのである。新婚早々のきのにとり、それはさびしく辛《つら》いことであった。きのにすればいかに世のため人のためといえ、家をあけっぱなしにする夫の行うことが十分理解できず、不満を抱き辛抱できなかったのは無理もなかった。これは女性についてまだ初《うぶ》で不慣れな世間知らずであった金次郎に責任があった。きのはたまらず離縁を申し出るのである。金次郎はやむを得ぬ事情とはいえ、結婚生活を犠牲にして、きのを不幸な目にあわせたことを深く悔《く》い心から反省するのである。後年、農村再建の神様として万人《ばんにん》から仰がれる金次郎だが、これほどの人物でも若い時にこの失敗、挫折《ざせつ》を味わったのである。

服部十郎兵衛は家政立直し中に、金次郎が離婚を余儀《よぎ》なくされたことを心から申訳《もうしわけ》なく気の毒に思った。そこで同家の女中として働いていた波子《なみこ》を、後妻として金次郎にすすめたのである。波子は十六歳、金次郎は三十四歳、年はずいぶん離れていたが、波子は服部家に住みこんで誠実そのものに尽力する金次郎の姿を見て、この人ならばと嫁《とつ》いだのであった。

当時、金次郎は村で一、二の裕福な農家であった。再婚して男子が誕生、今度こそ幸福で安らかな生活が待っていた。そこに小田原藩主大久保忠真《おおくぼただざね》から、桜町行きを懇請されたのである。せっかく再興した家を捨ててゆかねばならない。よほどの物好きでない限り、このような火中の栗を拾ったりはしない。桜町は百年間近く荒廃し、とても再建は不可能と思われたところであった。しかし金次郎はこの世で誰よりも自分を深く認め、一農民にすぎない金次郎に心から信頼の念を示して憚《はばか》らない名君大久保忠真の知遇《ちぐう》に答えようとするのである。

しかし金次郎は思い悩んだ。再婚直後であり一子が生まれていたから、年若い妻が果たして快く納得してくれるだろうか。先妻の二の舞になりやすまいかと心は千々《ちぢ》に乱れた。金次郎は自分の決意を語り同意を求めた。

「私は幾度もお断りしたが、お殿様はお許し下さらない。このような大事業は普通のやり方では決して成功しない。それゆえ一旦立直《たてなお》した二宮《にのみや》の家を廃して一身を投げうって努力するしかない。お前が私とともに千辛万苦《せんしんばんく》を厭《いと》わず、お殿様のご命令をやり遂げようという心があるなら、どうか一緒に桜町に行ってくれ。もし普通の女房のように平穏《へいおん》に生活したいなら今直ちに離縁するほかない。どうかよく考えてくれ」

このとき十八歳の波子《なみこ》はきっぱりとこう答えた。

「嫁いだときから私の心はすでに決まっています。あなたが水火《すいか》の中に入るなら私も入ります。ましてあなたはお殿様の命を受けて大事業をなさろうとしております。それは私にとりましても光栄です。私もまた一心を捧げあなたと辛苦《しんく》をともにいたします」

金次郎は波子の手をとり涙を流して感謝した。こうして金次郎は波子と二つになる彌太《やた》郎《ろう》をともない、多くの村人に見送られ故郷を立った。

「一家《いっか》を廃《はい》して万家《ばんか》を興《おこ》す」これが金次郎の決意であった。金次郎は背水の陣を布《し》いて立った。金次郎は再び故郷に帰ることはなかった。

桜町再建の十年は名状《めいじょう》に尽しがたい辛苦であった。それは上司と村人の一部が再建を妨害したからである。彼らは再建が成功する筈《はず》はないと思い、金次郎の指導に従わず協力を拒んだ。ことにひどい上司の妨害に困り果て、八年目、金次郎は再建の自信を失い、成《なり》田山新勝寺《たさんしんしょうじ》で二十一日間の断食祈願《だんじききがん》まで行った。こうして十年目、桜町の再建についに成功した。それができたのは、常に金次郎のそばに一心同体の波子がいて苦楽をともにして全力で金次郎を支えてくれたからである。金次郎が波子をいかに敬愛してやまなかったかは、その日記に明《あきら》かである。

二十余年間、金次郎は数多くの農村再建に全身全霊を捧げるが、それが立派に成功したのは、偏《ひとえ》に波子の尊い内助《ないじょ》があったからである。波子がいたから金次郎は後顧《こうこ》の憂《うれ》いなく大事業をやり遂げ、日本歴史に不朽の名をとどめることになったのである。波子は金次郎にとり福の神であった。

9

橘えき子（橘周太・妻）

日露戦争《にちろせんそう》において陸軍でただ一人「軍神《ぐんしん》」とされたのが橘周太中佐《たちばなしゅうたちゅうさ》である。橘は明治三十七年八月の遼陽会戦《りょうようかいせん》で獅子奮迅《ししふんじん》の活躍をして、首山堡《しゅざんぽ》の敵陣地を一時占領する殊勲《しゅくん》を立てたあと、壮絶《そうぜつ》な戦死を遂げた。橘中佐の率いる第三師団歩兵第三十四連隊第一大隊は壊滅的打撃《かいめつてきだげき》を受けたが、橘大隊の死戦が結局、遼陽会戦の勝利の礎《いしずえ》となった。

それゆえ常日頃の模範的軍人ぶりと相俟《あいま》って陸軍で唯一人、軍神と仰がれたのである。その非の打ち所のない人間性の素晴らしさは、海の軍神、廣瀬武夫《ひろせたけお》中佐と甲乙をつけ難い。昭和二十年までは軍神橘中佐を知らぬ日本人は誰一人いなかった。「廣瀬中佐」の歌があるように「橘中佐」の歌がある。廣瀬の先祖は菊池氏だが、橘の先祖は楠木正成《くすのきまさしげ》である。後醍醐天皇《ごだいごてんのう》に忠節を尽した楠木、菊池両氏の子孫から、明治の一大国難日露戦争において、橘周太・廣瀬武夫という二軍神が誕生したのである。ここが天皇を戴《いただ》く世界に比類なき偉大な歴史、伝統を有する日本国家のすごいところである。

橘は常に部下に対して誠の心を以《もっ》て接したから、部下は橘《たちばな》を敬愛し悦服《えっぷく》した。それは廣瀬武夫《ひろせたけお》と全《まった》く同様である。名小隊長・名中隊長の名をほしいままにしたあと、陸軍少佐に進み名古屋陸軍幼年学校校長になるが、ここでも十代の生徒たちから父のように慕われた。休日は自宅を開放して、訪れる生徒を歓待し親しく指導した。当時の生徒はこう語っている。

「校長をはじめ夫人、馬丁《ばてい》、女中まで一家総出でおはぎ、しるこ等を作ってもてなす。校長の家庭は楽園のようであった。えき子夫人が馬丁や女中を労《いたわ》り、一子一郎左衛門《いちろうざえもん》を中心に和気靄々《わきあいあい》として一歩校長宅の門をくぐれば、春風駘蕩《しゅんぷうたいとう》、春霞《はるがすみ》がたなびいているようであった」

幼年学校の生徒が橘の家庭を楽園のように感じたのは、えき子夫人の存在が大きい。毎日曜に生徒が替《かわ》る替《がわ》る訪ねて来るが、えき子夫人が女中や馬丁とともにいつも心から歓迎しておいしい手料理を以てもてなしたのである。生徒にとりえき子夫人は全く慈母にも等しい存在であった。

橘とえき子夫人は真に相敬相愛《そうけいそうあい》の夫婦であった。日露戦争の出征《しゅっせい》にあたりえき子夫人に「自分は生きて還《かえ》る考えはない」と告げて、一郎左衛門の教育を託した。世界一の陸軍国ロシアとの戦いである。本来ならあり得ぬ戦いであり、万一起りえても日本が勝つと思った人は世界にいなかった。しかし日本は国家の独立と民族の生存のため、戦いを決意する以外に選択肢はなかったのである。全ての軍人が一死を以《もっ》て必ずロシアに打ち勝ち祖国日本を守り抜く覚悟に燃えていたのである。えき子夫人の心も橘と全《まった》く同じである。橘は夫人と一心同体であったから後顧《こうこ》の憂《うれ》いがなかった。

八月三十一日、橘は歩兵第三十四連隊の先頭に立ち第一大隊千名の部下を率《ひき》いて大奮戦、ロシア軍南方の最重要陣地・首山堡《しゅざんぽ》東南方高地を占領した。しかし数倍のロシア軍の逆襲をうけ取り返され、橘は身に七弾を受け十数時間生き続けてその日午後六時半ごろ絶命した。壮絶無比《そうぜつむひ》の最期《さいご》だった。しかし橘大隊の死闘は無駄ではなかったことは先にのべた。

橘の最期を看取《みと》ったのは内田清一《うちだきよかず》軍曹である。内田はその日夜十時ごろ敵弾を受けて傷つきながらも必死の思いで橘の遺体を後方に運んだ忠実無比の部下であった。内田はこの後の沙河会戦《さかかいせん》で負傷、名古屋の陸軍病院に入院した。その時、一郎左衛門と馬丁をともなったえき子夫人の見舞を受けた。夫人が病室に入ったとき、内田は顔を上げることができず俯《うつむ》いたままこう語った。

「なんと申し上げてよいやら自分にもわかりません。重傷の大隊長殿を終日、私の腕に擁《よう》しながら生きてお救いすることができず、自分一人が生き残りましたことはなんとも面目なく、ご遺族の皆様に合わせる顔がございません。この病院へ来ましてからは、どうご挨拶申し上げたらよいかとそればかり悩んでおりました。実は大隊長殿のご容態《ようだい》が変って、もはや万に一つの望みも絶えたとお見受けしたとき、『大隊長殿、何かご遺言はありませんですか』と口を衝《つ》いて出ようとしたのですが、大隊長殿のあまりにも潔いあっぱれなご最期《さいご》に臨《のぞ》んで、私が不謹慎なことを申し上げて壮絶無比なご最期を傷つけては、末代の後まで恨みを残すと考え直してご遠慮申し上げました……」

内田は涙を溢《あふ》れさせ言葉を詰まらせた。馬丁も首をうなだれて頬を濡らした。ハンカチで目頭《めがしら》を押えていたえき子夫人は、最後まで夫に付き従ってくれた部下に労《ねぎら》いの言葉をかけた。

「それは出征《しゅっせい》の際に自分も固く覚悟を決めまして、私どもをも懇々《こんこん》と戒《いまし》めて参りましたのでその決意でおりました。ことにかねがね希望の大隊長に就任致しましたことを承知いたしましてからは、宅の方でも十分覚悟しておりましたので、戦死というお知らせを頂戴いたしました時は別に驚きも悲しみもいたしませんでした。ですが、弾が激しく飛びかう戦場であなたさまがご親切に手厚いご介抱《かいほう》をして下さったと承《うけたまわ》りまして、それがあまりのありがたさにうれし涙がこぼれました。それから橘《たちばな》をご介抱くださった為にかえってあなたさままでお怪我《けが》をなされたと承りまして、ああもし橘をご庇護《ひご》下さらなかったならば、あなたさまはお怪我をなさるのではなかったでありましょうと存じますと、それがお気の毒にたえません」

えき子夫人は持参した橘中佐の写真を内田に贈り丁寧《ていねい》に別れを告げた。病院の外まで夫人を見送り病室に戻った内田は、寝台に突《つ》っ伏《ぷ》して泣いた。

後日、この日のことを内田は「私は奥《おく》軍司令官から感状《かんじょう》（特別の功績のあった者に贈られる表彰状）をもらった時よりも感動した」と語っている。明治の日本の妻、母、女性たちは夫、子供と心を一つにして、祖国日本を守り抜くことに努めたのである。

10

大西叔恵（大西瀧治郎・妻）

わが国が大東亜《だいとうあ》戦争において、航空機や人間魚雷《ぎょらい》といわれた特殊潜航艇を以て必中必殺の特別攻撃まで行ったのは、日本を亡国《ぼうこく》から救うためであった。アメリカはわが国に対して「無条件降伏」を求めていた。無条件降伏の眼目《がんもく》は、天皇の永久廃絶であった。アメリカは人間業《わざ》を越えた頑強な戦いをする日本民族の強固な精神つまり大和魂《やまとだましい》を抹殺《まっさつ》するために、日本人の統合と団結の核心である天皇を永久に取り除き日本国体《にっぽんこくたい》を破壊しようとしたのである。

わが国から天皇が消滅したならば、世界に比類なき歴史と伝統を持つ日本はもはや日本ではなくなる。天皇なき日本は魂なき抜殻《ぬけがら》であり、日本人の生き甲斐《がい》、自覚、誇りは一瞬にして消滅する。それゆえ日本人はアメリカに、一大打撃を与えて無条件降伏要求をとり下げさせるために、ペリリュー島、硫黄島《いおうとう》、沖縄等における玉砕戦《ぎょくさいせん》（全滅するまで戦うこと）とともに特攻の戦いを敢行《かんこう》したのである。

航空機による「神風特別攻撃隊」（神風は正式には「しんぷう」だが、ふつう「かみかぜ」とよばれる）を組織したのが大西瀧治郎《おおにしたきじろう》海軍中将《かいぐんちゅうじょう》である。大西は神風特別攻撃隊を結成した理由をこうのべている。

「この神風特別攻撃隊が出て、しかも万一負けたとしても日本は亡国《ぼうこく》にはならない。これが出ないで負ければ真の亡国になる」

「ここで青年が起《た》たなければ日本は滅びますよ。しかし青年たちが国難《こくなん》に殉《じゅん》じていかに戦ったかという歴史を記憶する限り、日本と日本人は滅びないのですよ」

大西は心を鬼にして涙とともに特攻勇士に出撃を命じた。特殊潜航艇による水中特攻もこれに続いた。空と海からの特攻がアメリカ軍に与えた恐怖と心理的物理的打撃は絶大であった。玉砕戦《ぎょくさいせん》と相俟《あいま》ってあまりにも人的損害が大きいために、アメリカはついに日本本土侵攻《しんこう》作戦を断念、無条件降伏要求を引っこめて事実上天皇の存続を容認する有条件降伏（それがポツダム宣言十三ヵ条）に切り換えたのである。

大西の日本を亡国から救わんとする願いは叶《かな》えられたのである。ここにおいて終戦の翌日、八月十六日未明《みめい》、大西は割腹自決《かっぷくじけつ》を遂《と》げた。大西は特攻勇士を送り出すとき、自分も必ず後から行くと明言していた。終戦時、海軍軍令部次長だった大西は特攻機にこそ乗れなかったが約束を果たしたのである。大西は割腹後、介錯《かいしゃく》をことわり十五時間後の夕方六時頃絶命した。そのときの言葉がこれだ。

「生きるようにはしてくれるな。これでいいんだ。送り出した部下たちとの約束が果たせる」

遺書は次の通りである。

「特攻隊の英霊《えいれい》に申す。善く戦いたり。深謝《しんしゃ》す。最後の勝利を信じつつ肉弾として散華《さんげ》せり。然《しか》れどもその信念は遂に達成し得ざるに至れり。

吾《われ》死を以て旧部下の英霊と其《そ》の遺族に謝せんとす。

次に一般青壮年に告ぐ。

我が死《じ》にして、軽挙《けいきょ》は利敵《りてき》行為なるを思い、聖旨《せいし》（昭和天皇の御心《みこころ》つまり終戦の詔《みことのり》）に副《そ》い奉《たてまつ》り、自重忍苦《じちょうにんく》するの誡《いまし》めともならば幸《さいわい》なり。

隠忍《いんにん》するとも日本人たるの矜持《きょうじ》（誇り）を失うなかれ。諸子《しょし》は国の宝なり。平時《へいじ》に処《しょ》し猶《なお》克《よ》く特攻精神（国のため公のため義勇《ぎゆう》を以《もっ》て一身《いっしん》を捧《ささ》げる精神）を堅持《けんじ》し、日本民族の福祉と世界人類の和平の為最善を尽《つく》せよ」

大西中将は最後に割腹自決《かっぷくじけつ》して責任をとった立派な将帥《しょうすい》であった。大西中将と特攻勇士たちは天皇国日本を永遠に護持《ごじ》する為に戦い抜いたのである。

大西は三十八歳のとき結婚した。妻の淑恵《よしえ》は二十八歳、当時ではともに晩婚（淑恵は再婚）である。二人は仲睦《なかむつま》じかったが子供は授からなかった。大西は淑恵にも遺書を書いている。

「淑恵殿へ
吾《わが》亡き後に処する参考として書き遺《のこ》す事次の如し。
一、家系其《そ》の他家事一切は、淑恵の所信《しょしん》に一任《いちにん》す。淑恵を全幅《ぜんぷく》信頼するものなるを以《もっ》て近親者は同人の意思を尊重するを要す。
二、安逸《あんいつ》を貪《むさぼ》ることなく世の為《ため》人の為つくし天寿《てんじゅ》を全《まっと》うせよ。
三、大西本家との親睦を保持せよ。但《ただ》し必ずしも大西の家系より後継者を入るる要なし。
これでよし　百万年の　仮寝《かりね》かな」

大西は淑恵を深く信頼し後顧《こうこ》の憂いなくこの世を去ったのである。大西亡きあと淑恵はあとを追い一度死のうと思ったが生き続けた。自宅は米軍の空襲で焼失し、アメリカ占領軍の命令で軍人恩給は中止されたから、しばらく苦難が続いた。しかしやがて旧海軍関係者の温い支援を受けて生活も安定してきた。叔恵の願いは、大西の墓と特攻隊員供養の観《かん》音像《のんぞう》を建てることであった。叔恵はこう語る。

「故人《こじん》は特攻（隊員）に申しわけないといい遺《のこ》して自決したのですから、特攻に散華《さんげ》された方々の霊をお祀《まつ》りする観音像を故人の墓と一緒に建立《こんりゅう》したいと思いました」

こうして昭和二十七年九月、鶴見総持寺《そうじじ》にお墓と観音像が建立された。慰霊と供養《くよう》が戦後の叔恵のつとめであった。叔恵は戦後十数年たったころ特攻勇士の法要《ほうよう》で涙ながらにこうのべた。

「特攻隊の御遺族の気持を察し、自分はどう生きるべきかと心を砕いて参りましたが、結局散って行った方々の御魂《みたま》のご冥福《めいふく》をかげながら祈り続けることしかできませんでした」

また叔恵は、将兵たちが太平洋上の島々で最期《さいご》を遂げるとき、「お母さん！　お母さーん！」と叫び、「水……水……」と言って亡くなった多くの将兵の話を生き残った人々から聞いて、靖国神社の境内に噴水と母の像を建てたいとの願いを起した。それが昭和四十二年心ある人々の協賛を得て「慰霊の泉」として実現した。

昭和四十年代になると各地で戦友会や慰霊祭が行われるようになり、叔恵はあちこちから招かれて出かけた。特攻隊員にとり大西はその創始者、命令者であったが、ともに死ぬことを決意した「同志」であり、一緒に飛び立っては行かなかったが、最後にそのあとを追った。生き残った隊員は、「長官は特攻隊員の一人であり、奥さんは特攻隊員の遺族の一人です」と言った。淑恵《よしえ》は大西が自決したことですべてが許されるとは決して思わなかったが、どこに行っても遺族や生き残りの隊員から心から迎えられたのである。淑恵はどこでも真情あふれる短い挨拶をしたが、その飾らない人柄は参会者に好感を持たれ、やがて慰霊祭には不可欠な特攻の母のような立場になるのである。

淑恵は昭和五十年、フイリピンに慰霊の旅に立った。昭和十九年十月二十五日、ルソン島のマバラカットから神風特攻の第一陣が飛び立ったのである。この時、マバラカット市では一行を市長が出迎え、小学生が日の丸の小旗を振って歓迎した。歓迎会場についた時、淑恵は突如壇上に登りこう挨拶した。

「マバラカットのみなさま、戦争中は大変ご迷惑をおかけしました。日本人の一人として心からおわびいたします。それなのに今日はこんなに温かいおもてなしを受けて……」

涙ぐみとぎれながら謝辞をのべると、万雷の拍手がおきた。

淑恵は昭和五十三年二月六日、七十八歳で亡くなった。大西が第一航空艦隊司令長官のとき副官として仕《つか》え大西を慈父のように敬慕した門司親徳《もじちかのり》は、連日病床の淑恵を見舞ったが、最後に叔恵《よしえ》から聞いた言葉が、「わたしとくしちゃった」であった。門司はこうのべている。

「大西長官があらゆる責任を背負って自決してくれた。そのため自分はみんなからゆるされ、かえって大事にされた。海鷲観音《うみわしかんのん》も、記念碑も、慰霊の泉も作ってもらえた。喜寿の祝いもしてもらった。そして何よりも生き残りの隊員たちに母親のようになつかれた。これらすべての人たちに『ありがとう』という代りに、奥さんは最後まで彼女らしい表現で、わたしとくしちゃった、と言ったにちがいないのである。奥さんは長官の遺書にあったように、つつましい生活のなかで、世のため人のためにつくし、天寿をまっとうしたのだと思った」

大西は日本民族の存亡をかけた戦いに特攻を指揮し命を捧げた。妻の叔恵は特攻勇士の慰霊に余生を捧げた。「特攻の母」たる叔恵の戦後三十余年の生涯は尊く美しい。

11

乃木静子（乃木希典・妻）

日露戦争――奇蹟の勝利をもたらしたもの

明治《めいじ》日本の一大国難が日露戦争《にちろせんそう》である。日本がロシアに勝利したことは奇蹟《きせき》の中の奇蹟であった。この戦いは国家の独立と民族の生存の為、わが国が亡国《ぼうこく》の憂目《うきめ》を見ないためにどうしてもせねばならぬ不可避《ふかひ》のものであった。しかし世界は対露戦争に決然《けつぜん》として立上《たちあ》がった日本の行動を、正気《しょうき》の沙汰《さた》とは見なかった。欧米では「豪胆《ごうたん》な子供が力の強い巨人に飛びかかった」と言った。ロシアに挑戦した日本は確かに豪胆ではあるが、所詮《しょせん》子供でしかない。相手は世界一の陸軍国である「力の強い巨人」ロシアだから絶対勝てるはずはないと見たのは当然である。駐日ロシア公使館のある陸軍武官は当時こうのべた。

「日本軍は欧州の最弱小国に太刀打《たちう》ちできるようになるまでには、数十年おそらく百年かかるであろう」

全《まった》く問題にならぬ国力、軍事力の差であった。これを相撲にたとえていうと、ロシアは横綱であり、日本は横綱との対戦資格のない半人前の「ふんどしかつぎ」と思われたのである。しかし日本は大番狂わせを実現、ロシアを打《う》ち下《くだ》した。この日露戦争の勝利を導いた最大の功労者が、海軍の東郷平八郎《とうごうへいはちろう》と陸軍の乃木希典《のぎまれすけ》である。

日露両国の運命を決した最大の激戦が、旅順攻囲戦《りょじゅんこういせん》である。ロシアは遼東《りょうとう》半島の旅順に難攻不落《なんこうふらく》の要塞《ようさい》を築き、四万八千名の兵力と六百数十門の大砲を備えていた。この旅順要塞を攻めたのが、乃木希典を司令官とする第三軍である。ところが日本側は相手の戦力を誤算して、兵力一万五千・大砲二百門と三分の一も低く見誤ったのである。その責任は参謀本部にあった。乃木の第三軍には五万名の兵力と三百数十門の大砲が与えられたが、全く話にならぬ戦力であった。要塞を陥落するには、攻者《こうしゃ》は守る側の最低三倍の兵力が必要とされるのである。第三軍は明治三十七年八月、第一回総攻撃を行ったが、一万五千名もの死傷者を出して敗北した。第二回総攻撃もまた失敗した。

しかし第三軍が苦戦せざるを得ない実情がわからない一般の国民の不満は高まり、第三軍が下手《へた》な戦いを続けているとして、乃木の手もとには二千四百通もの手紙が殺到し、「責任を取り直ちに辞職せよ」「腹を切れ」とまで非難、罵倒《ばとう》した。批判は一般の国民だけではなく陸軍内部においても強まり、参謀総長山県有朋《やまがたありとも》はついに乃木交代を決意して明治天皇にお伺いを立てた。任免権《にんめんけん》は天皇にあった。すると天皇は、

「乃木をかえたら、乃木は生きてはおらぬぞ」

とただ一言仰《おお》せられた。

明治天皇は旅順戦《りょじゅんせん》が困難な闘いであることを誰よりも理解されていた。天皇は陸軍の大将、中将の中で乃木の人物と手腕を最も高く認められていた。その乃木がこれほどの苦戦をするのだから、他のいかなる者が代ってもこれ以上の戦いは出来ない。いや失敗する。第三軍将兵は乃木の統率《とうそつ》のもとに二回の総攻撃の敗北にもかかわらず、一致団結、士気を堅持《けんじ》している。この悪条件が積み重なった大難戦を担《にな》って旅順を陥落させることができる者は乃木しかいない。そのまま乃木にやらせよ。もし乃木を代えたら、乃木は多くの部下を死なせた責任を取り必ず切腹して自決するぞ。乃木のような二人といない良将・名将を殺してよいのかと言いたかったのである。

明治天皇は陸軍最高の実力者山県有朋が不可とした乃木を誰よりも信頼し親任されたの

である。人物を見抜く卓越《たくえつ》した鑑識眼《かんしきがん》を持たれた明治天皇の神業《かみわざ》といってよかった。日露戦争における最も重大な局面がここであった。乃木は明治天皇のこの限りないご信頼、ご信任に感泣感奮《かんきゅうかんぷん》し、一死を以て必ず旅順《りょじゅん》を落すことを誓うのである。

静子夫人の必死の祈り
――「神威をもって旅順を陥落させ給え」

このとき明治天皇を別として、軍内外の乃木非難に最も心を痛めたのは静子《しずこ》夫人である。第三回総攻撃が間もなく始まる十一月十七日朝のことである。静子が家の二階の窓をあけたとき、ちょうど門前に立ち止った一軍人が静子をにらみあげてどなりつけた。

「乃木のノロマめ、何をまごついているか。我々が兵隊を作ってやれば、端《はな》から殺してしまう。それで自分は武士であるとか侍《さむらい》だとか傲語《ごうご》(おごり高ぶった言葉)しながら、今に生存しているではないか。もし真の武士であるなら、我々に申訳《もうしわけ》のため潔《いさぎよ》く切腹するがよい。もし腹を切るのが痛ければせめて辞職するのが当然だ。一体家族どもは何を愚図愚図《ぐずぐず》しているかい。少しは考えて見るがよい」

聞くに耐えがたい罵倒《ばとう》であった。静子は日中、部屋にうずくまり何も食べず、一体どうしたらよいのだろうと煩悶《はんもん》した。夕方、静子は汽車に乗り東海道を下り翌朝、宇治山田に着いた。旅館の風呂場で水を何杯もかぶり身を浄めたあと、伊勢神宮社前に跪《ひざまづ》き必死の祈りを捧げた。人間の力ではもうどうすることも出来なかった。「神威《しんい》（神の威力）をもって旅順を陥《かん》落《らく》させ給《たま》え」との祈りである。何十分かたった。すると静子の耳に涼しい声が聞こえた。

「汝の願望はかなえてやるが、最愛の二子は取り上げるぞ」

旅順は落してやるが、二人の息子（ともに軍人）は戦死させるぞという声である。静子はすぐに、

「二子のみでなく私ども夫婦の命も差し上げます。どうぞ旅順だけは取らせて下さいませ」

と哀願《あいがん》した。長男の勝典《かつすけ》中尉《ちゅうい》は南山《なんざん》の戦いですでに戦死していた。次男の保典《やすすけ》少尉《しょうい》はこのあと二〇三高地の戦いで亡くなる。乃木家は子供二人しかいなくこれで跡継《あとつぎ》がいなくなるのである。保典が戦死した時、乃木と親しかった寺内《てらうち》陸軍大臣が報告かたがた夫人を慰めるために乃木邸を訪れた。すると静子《しずこ》は、

「よく死んでくれました。これで世間の母人方《ははびとがた》に申訳《もうしわけ》が立ちます」

と毅然《きぜん》として答えた。夫は数多くの部下を死なせている。部下の父母に申訳が立たない。せめてわが子を死なせることが、世間の母親への万分の一の申訳と言いたかったのであ

る。乃木は保典《やすすけ》の死を聞いたときこう言った。

「よく戦死してくれた。これで世間に申訳《もうしわけ》が立つ。よく死んでくれた」

後《のち》に静子はこう語った。

「私の心願《しんがん》が神明《しんめい》（神のこと）に通じ、かしこくも天照大御神様《あまてらすおおみかみさま》がまさしく御神託《ごしんたく》（神のお告げ）を授け給《たま》うたものと確信します」

乃木は出陣《しゅつじん》するとき静子に、「棺桶《かんおけ》が三つ揃《そろ》うまで葬式を出すな」と言った。乃木のこの鉄石の闘志と乃木と心を一つにした静子夫人の必死の祈りが、ついに旅順《りょじゅん》の陥落《かんらく》を導くのである。

涙一つ見せず毅然《きぜん》とした態度を寺内に示した静子であったが、勝典《かつすけ》が戦死した時は、弔《ちょう》問《もん》に訪れる人々に顔を合わすこともできぬほど悲しみに打ち沈み泣きぬれた。勝典は年少時虚弱だった。これを一人前の男子、立派な軍人にするため、静子はいうかたなき苦労を重ねた。長男だから厳格に躾《しつけ》よという乃木の方針に従い、ほとんど甘やかすことなく時には心で泣き泣き厳しく育て上げた。そうしてようやく何とか一人前の軍人にすることができたと思った途端《とたん》に亡くなってしまったのである。

勝典が亡くなった前日、勝典は母の夢枕に立った。戦死の日の夜、静子は茶の間でうとうと仮眠していた。ややあって目覚めると二階の部屋で勝典か誰かが本でも読んでいるように聞こえ、思わず「二階に誰かいるのかい」と言った。真上にある勝典の勉強部屋へ行って見たが誰もいない。不思議なことがあるものだと思ってまもなく床《とこ》についたが、夜中また勝典の夢を見たのである。勝典は母に最後の別れの挨拶《あいさつ》をしたのであった。静子は母としてもっとやさしくしてやればよかった、ああしてやればよかったというとめどもない悔いの思いが一挙に吹き出して悲嘆の底に沈みしばらく立上《たちあ》がれなかったのである。

これに対して弟の保典は明朗活発《めいろうかっぱつ》な元気溌剌《はつらつ》たる少年で、次男だから勝典よりゆるやかに育てられた。心身ともに健全優良だったから勝典のときのような苦労はなく、陸軍士官学校を出て陸軍少尉となった。乃木は保典を軍人にうってつけの性格であるとして将来を期待していた。母親の子への愛情に差はないが、保典には甘えさせたし十分可愛がってやったとの思いがあったから、その点では勝典のごとき悔いはそうなかった。それゆえ人前では涙を見せず寺内陸相を驚かせた。

わが子の死に対して、「よく死んでくれました」と言わなければならないことほど悲しいことはない。しかしそう言わねばならなかったのが、日露戦争中《にちろせんそう》の最難戦、旅順要塞《りょじゅんようさい》戦《せん》であった。この戦いは「千番に一番」いや「万番に一番」の奇蹟《きせき》の勝利であり、旅順戦の勝利なくして日露戦争の勝利は決してありえなかったのである。

乃木夫妻が二人の男子を失ったことに最も同情されたのが、明治天皇と皇后であった。明治三十九年五月、皇后陛下は新宿御苑《ぎょえん》において静子《しずこ》に特別に謁見《えっけん》を賜《たまわ》った。陛下は二人の子供を亡くしたことを悼《いた》む懇篤《こんとく》なお言葉を下《くだ》された。静子は感極《かんきわ》まり名状《めいじょう》に尽しがたい感激に身を打ち奮《ふる》わせた。後に静子はこう語っている。

「畏《かしこ》くも陛下より『二人の子供を失うてさぞかし……』とのお言葉があったことは明瞭に耳に残っていますが、その後に御仰《おんおお》せになられたことは何も記憶にありませぬ。『二人の子供を失うてさぞかし……』との有難い御言葉のために、感涙《かんるい》がこみ上げて自分というものがわからなくなってしまったのでしょう。私はいまも夢心地《ゆめごこち》でいます」

明治の時代に生きた人々は、自分ら家族の運命と国家の運命を別々には考えず、一つのもの、一体と思っていた。それゆえに国家の独立、民族の生存のためにわが子を国難の打開のために捧げることを厭《いと》わず、「よく死んでくれました。これで世間の母人方《ははびとがた》に申訳《もうしわけ》が立ちます」と言いえたのである。

乃木夫妻の殉死に慟哭した国民

大正元年《たいしょうがんねん》九月十三日、乃木希典《のぎまれすけ》は崩御《ほうぎょ》された明治天皇のみあとをしたって殉死《じゅんし》を遂げた。この時、静子も同行したのである。静子がなぜ行《こう》をともにしたかというと、既述の通り伊勢神宮にて祈願した際、「二子のみではなく、私ども夫婦のいのちもさし上げます」と天照大御神《あまてらすおおみかみ》に誓ったからである。旅順《りょじゅん》は神威《しんい》を以《もっ》て陥落《かんらく》できた。それゆえ静子は神への誓いを実行したのである。

九月十八日、乃木夫妻の葬儀が行われた。それはかつてない国民葬で、東京開市以来最大といわれる幾十万の人々が夫婦の死を涙とともに見送るのである。葬列に加わった一軍人はこうのべている。

「青山斎場《あおやまさいじょう》に至る間の両側は人垣を以て埋め、前方の数列は土下座して十重二十重《とえはたえ》に、群衆は無慮《むりょ》(およそ)二十万まことに前代未聞の光景であった。やがて進み来る将軍の霊柩《れいきゅう》を拝した群衆は敬虔《けいけん》なる態度を以て迎え、厳粛《げんしゅく》なる気持に粛《しゅく》として声なく、霊柩を見送る眼には稀代《きだい》の忠臣のその遺骸《いがい》に対して最後の別れを致さんとする姿が反映しており、筆者の胸を打った最も尊き感激であった。

しかるに次いで来たれる夫人の柩《ひつぎ》、その間約三十歩、その柩を見た瞬間に群衆の態度は一変し、敬慕《けいぼ》、愛惜《あいせき》、ことごとくが涙であった。合掌礼拝するもの、感極《かんきわ》まって嗚咽《おえつ》するもの、眼に涙を拭《ぬぐ》うもの、土下座する老媼《ろうおう》（老婆）は地に顔を摺《す》りつけて慟哭《どうこく》する有様、沿道のすべてがそれであった。

棺側《かんがわ》にあってこの光景を見つつ筆者は一つ一つ胸に迫る衝撃に、抑《おさ》えんとして抑え兼《か》ねぬる涙が次から次へとこみあげて来る、ようやく堪《た》えてこの場を通りすぎると、また新たな同じ感激の場面に遭遇する。ついに我慢しきれず涙は頬に伝わって落ちてくる」

明治、大正、昭和三代を通じての一大言論人で歴史家の徳富蘇峰《とくとみそほう》はこうのべている。

「予《よ》（わたし）はいま乃木大将及びその夫人の柩《ひつぎ》に礼拝し、永訣《えいけつ》を告げて帰れり。而《しか》して如《い》何《か》なる言葉もて、この空前の葬式を語るべきやを知らず。しかり全《まった》く空前の葬式なり。人《じん》臣《しん》の葬式としてかつてかくの如く多数の会葬者ありしか。過去において少くとも記者の記憶において未《いま》だこれを見ず、およそあらゆる日本の社会は代表せられたり。いなほとんど世界の重《おも》なる部分も代表せられたり。

しかりといえども記者が空前というは、知名（有名人）の会葬者の多きためにあらず、無名の参集者の多かりしことなり。およそ東京全市のほとんどみな青山（青山斎場一帯）に集りたるかと思わるるばかりに、葬式の周囲数町間、いな十数町間を填充《てんじゅう》（うめつくすこと）

したり。彼等の中にはいわゆる見物人もありしならん。されど乃木大将が平生《へいぜい》平民の友たり、弱者の友たり、窮者《きゅうしゃ》の友たり、失望者の友たり、自ら処《よ》る薄くして厚く公に奉じたる丹誠《たんせい》（乃木が生前戦死者の遺族、傷病者、困窮者たちを深く思いやり数々の仁慈《じんじ》の行為をし続けたその誠の心）は、期せずして挙天下《きょてんか》の人心を感応《かんのう》し遂にかくの如き群衆を見出したりき。

特に伯爵夫人《はくしゃくふじん》の棺が影の形に伴う如く相《あい》追うて葬場に入りしに際しては、いかなる鉄《てっ》腸石肝《ちょうせきかん》（鉄石のごとき固く強い精神）の豪傑《ごうけつ》も一掬《いっきく》（ひとしずく、わずか）の熱涙《ねつるい》を洒《そそ》ぐを禁ずることあたわざりしなり。記者の前に立ちし外国婦人の如きは、その目睫《もくしょう》（まぶた）の赤くなるまで泣きたりき。彼女は何故《なにゆえ》に泣きたるか。人情あに東西に相違あらんや」

救国《きゅうこく》の国民的英雄乃木と乃木に従った静子《しずこ》の殉死《じゅんし》に、当時の日本国民はあげて慟哭《どうこく》し乃木夫妻を哀惜《あいせき》してやまなかったのである。

第3章

偉人を支えた女性たち

1

鳥濱トメ（「特攻の母」）

鹿児島県の知覧《ちらん》（南九州市）は大東亜《だいとうあ》戦争時、陸軍特攻《とっこう》部隊の最前線基地であった。ここから多くの若い人々（十代後半から二十代前半）が特攻に立ち、帰らぬ人となった。その特攻勇士たちから「お母さん」と慕《した》われたのが、「特攻の母」といわれた鳥濱《とりはま》トメである。

鳥濱トメが知覧の商店街の片隅で小さな「富屋《とみや》食堂」を開いたのは、昭和四年二十七歳の時である。富屋食堂は繁盛して、ここの名物は玉子丼、親子丼、うな丼であった。

知覧が陸軍の航空基地となったのは昭和十六年の暮である。ここに大刀洗《たちあらい》陸軍飛行学校知覧分教場が開設され、翌年一月、十代の少年飛行兵が入学した。富屋食堂は陸軍の指定食堂となった。そのあと知覧が特攻基地となるのは昭和二十年である。こうして富屋食堂には数多く若い軍人が出入りして、トメの心尽しの手料理に舌鼓《したつづみ》を打つことになるのである。十代、二十代の独身の若い人々にとり、富屋食堂は数少ない憩《いこ》いの場であった。

トメは思いやりに溢《あふ》れる並《なみ》はずれた親切な人であり、実に世話好きの女性であった。航空機による陸軍特攻が頂点に達したのが、昭和二十年の三月から六月までの約四ヵ月である。知覧から出撃して戦死した靖国の英霊は四百数十人もいた。

特攻隊員たちで富屋食堂にやってこない者は一人もいなかった。この時四十三歳のトメは特攻隊員たちをわが子のように可愛がり、できる限りのことをした。若い隊員たちははじめは「小母《おば》さん」と呼んでいたがやがて「お母さん」に変り、トメを深く慕ってやまなかった。一番若い人は十六歳、十七歳である。

いよいよ出撃という際、彼らは「お母さん、牡丹餅《ぼたもち》食べたい」「お寿司食べたい」「……食べたい」と家庭のおふくろの味を恋しがるのである。トメは「ハイハイ、いま作ってあげるからね」とすべて心よく聞いてあげた。

日ましに特攻隊の出撃が激しくなるにつれて、鳥濱家の簞笥《たんす》が少しずつ空になっていった。トメは着物を次々と売り、当時、入手困難であった食料を買入れたのである。特攻隊員は毎日のように訪れた。母と慕う隊員のために彼らが最後に食べたいものを、家財道具を売り払ってまでも作ってあげたのである。それは全《まった》く無償の愛の行為であった。

大東亜戦争終了後、トメは散華《さんげ》した特攻勇士のことを思わぬ日は一日もなかった。トメの願いは護国《ごこく》の英霊《えいれい》を慰霊する為に観音像《かんのんぞう》を建立《こんりゅう》することであった。トメは知覧《ちらん》町長にこれを嘆願し続けた。個人として建てるのではなく、多くの特攻勇士を送り出したこの知覧町民全体の意思としてこうすべきと思ったのである。この願いはついに叶《かな》い、昭和三十年九月二十八日、「特攻平和観音像」が建立された。

トメが「特攻の母」としてこれだけのことが出来たのは、夫義勇《よしとし》の深い理解と支えがあったからである。義勇はトメを心から親愛して、「必要なときに必要な口と金を出す人」(孫・明久氏の言)であった。トメの献身的活動をかげで支援し大きな心でトメを包容した立派な伴侶《はんりょ》であった。義勇とトメは深い愛情と信頼で結ばれていた。二人の娘たちもトメに心から協力した。

今日、知覧には昭和六十二年に出来た「知覧特攻平和記念館」がある。この記念館は特攻隊員が飛び立った飛行場跡地にあり、「特攻平和観音堂」の隣りに建てられた。ここには特攻隊員の遺品、遺影などが大切におさめられている。また富屋食堂は復元されて今日、資料館・記念館となっている。現在この陸軍特攻部隊の聖地には毎年多くの人々が訪れている。

トメは平成四年四月二十二日、八十九歳で亡くなった。弔問客《ちょうもんきゃく》は二千人に及んだ。私生児（正当な夫婦関係でなく生んだ子。父の知れない子）として生まれたトメは若年時《じゃくねんじ》、言い知れぬ苦労をした。しかしトメはこの逆境に決して挫《くじ》けることなく、正しい心と明るい気持を失わず努力した。やさしく親切な人柄は天性であった。そしてなかなかの器量《きりょう》よしだったからまわりの人々から好かれて、義勇と出会って結婚した。実にすばらしい夫を授かったのである。中年に至って人生が大きく展開し、数百人もの十代、二十代の青年たちに「お母さん」と慕われ親愛された。トメは彼らの慈母《じぼ》観音であった。

トメは「命よりも大切なことがある。それは徳を貫くことである」と言っている。鳥濱《とりはま》トメの八十九年間はまさしく特攻勇士たちに慈愛《じあい》を捧げる徳を貫いた誠に美しく尊い生涯であった。

2

廣瀬智満子（廣瀬武夫・祖母）

日露《にちろ》戦争で活躍して海軍でたった一人「軍神《ぐんしん》」として讃《たた》えられたのが廣瀬武夫《ひろせたけお》中佐である。廣瀬は旅順口閉塞《りょじゅんこうへいそく》作戦という決死的な戦いに再度出向き、壮烈《そうれつ》な戦死を遂げた軍人である。

東郷平八郎《とうごうへいはちろう》の率いる日本海軍は前半、ロシア太平洋艦隊と戦った。ロシア太平洋艦隊は遼東半島《りょうとうはんとう》の旅順港を根拠地とした。しかし最初ロシア海軍は黄海《こうかい》に出て日本海軍と決戦することを避け、旅順港内に閉じこもったままであった。そこで東郷司令長官は出入口がごく狭い旅順口を数隻の商船を沈めることにより閉塞、ロシア海軍を袋のねずみにして戦えないようにする旅順口閉塞作戦を実施した。

明治三十七年三月二十七日未明、第二回作戦において廣瀬は十数名の部下を率い、福井丸を旅順口入口に沈めんとした。敵艦と陸上砲台から砲弾が猛射《もうしゃ》される中での決死的行動である。このとき敵艦の放った魚雷《ぎょらい》が福井丸に命中、福井丸は傾き沈み始めた。廣瀬は直ちに十七名の部下を小船に移したが、一人杉野孫七《すぎのまごしち》一等兵曹がいない。そこで廣瀬は大声で「杉野、杉野」と叫びつつ、沈みゆく船内を三たび探し回ったが見当たらない。やむなく廣瀬は小舟に乗り移り降《ふ》り注ぐ弾雨の中、部下に櫂《かい》を漕《こ》がせ戦場を離脱せんとした。そのとき小船の先頭にいた廣瀬に敵弾が命中、鮮血と肉片が飛び散り体は一瞬のうちに海中に叩《たた》きこまれた。同時に敵の砲弾で二名が戦死、四名が負傷した。杉野もついに帰らぬ人となった。小船は辛《かろ》うじてその場を脱出、生還した。

このとき、福井丸が沈まんとする直前まで杉野を探し求め救い出そうとした部下を深く思いやって遂に壮絶《そうぜつ》な戦死を遂げた廣瀬の仁慈《じんじ》に満ちた行為が人々の胸を打ち、「軍神」と讃《たた》えられるに至るのである。廣瀬は東郷平八郎始め多くの上司・先輩・同輩に敬愛され部下に心服された。これほど多くの人々から親愛された軍人は少ない。廣瀬は誠実、正直で情深《なさけ》く、勇気と胆力《たんりょく》に於て誰にも劣らぬ実にすぐれた人間性をもつ日本男子であった。廣瀬の死は万人から惜《お》しまれ、とうとう廣瀬をたたえる歌まで出来、文部省唱歌として全国民に歌われた。

廣瀬中佐

一、とどろく砲音《つつおと》　飛びくる弾丸《だんがん》
荒波洗うデッキの上に
闇をつらぬく中佐の叫び
「杉野はいずこ　杉野はいずや」

二、船内《せんない》くまなくたずぬる三《み》たび
呼べど答えず　さがせど見えず
船は次第に波間《なみま》に沈み
敵弾いよいよあたりに繁《しげ》し

三、今はとボートに移れる中佐
とびくる弾丸《たま》にたちませ失《う》せて
旅順港外うらみぞ深き
軍神廣瀬とその名残れど

廣瀬の母は六歳のとき病気で亡くなる。廣瀬は兄、妹の三人兄弟だが、この三人を育てたのが祖母の智満子《ちまこ》である。智満子は典型的な武士の妻であった。立居振舞《たちいふるまい》の厳格な上品で礼儀正しい女性で、母親代りに廣瀬ら孫たちを厳しく躾《しつけ》て、少しでも行儀が悪いと竹の物差しで容赦《ようしゃ》なく手をたたいた。成年になったときの廣瀬の人間性と立居振舞の立派さは海軍軍人の手本とされたが、すべてこの祖母の躾による。

智満子が廣瀬ら孫に教えたことの根本は、「誠が人の道」ということであり、その上に次の八つの教えを授けた。

一、他人の悪口を言ってはなりません
一、嘘《うそ》をついてはなりません
一、弱い者をいじめてはなりません
一、人を軽蔑《けいべつ》してはなりません
一、愚痴《ぐち》をこぼしてはなりません
一、人を妬《ねた》んではなりません
一、約束は守らねばなりません
一、口にしたことは実行しなければなりませんこう教えたのち、智満子《ちまこ》は「これぞ誠の侍《さむらい》ぞ」と結ぶのが常であった。また廣瀬《ひろせ》の家の先祖は菊池氏（後醍醐《ごだいご》天皇に忠節を尽して足利高氏《あしかがたかうじ》と戦う）であった。それゆえ智満子は菊池氏の子孫である自覚と誇りを教えた。

「お前たちの父上はのう、御一新《ごいっしん》（明治維新《めいじいしん》）の前にゃ、菊池の子孫らしゅう見事な働きをしたもんじゃ」

父の廣瀬重武《ひろせしげたけ》は豊後《ぶんご》（大分県）竹田《たけた》の岡藩（中川氏）士だが、尊皇の志士として尽力した人物で、維新後は裁判官を勤めた。廣瀬はこの祖母に十六歳まで訓育された。廣瀬は祖母を親愛してやまなかった。

智満子は明治三十一年一月、八十一歳で亡くなった。このとき廣瀬はロシアに留学中であった。廣瀬は高齢の祖母を案じて亡くなる少し前、手紙を出している。

「武夫が帰朝《きちょう》するまで必ず御存命あるべしとのお約束、必ずお弱りあそばすことなく平常のごとくお元気にお暮しあらんこと、くれぐれもお願い申し上げます」

この手紙のあと父から訃報《ふほう》が届くのである。廣瀬は強い衝撃《しょうげき》を受けて部屋に閉じこもり毎日泣き暮《くら》した。日ごろ明朗そのものの廣瀬が黙々として言わず、夜もろくに眠らず毎朝日を赤く泣きはらし食堂に出てくることが十日ばかり続き、とうとう眼病にかかるのである。当時、廣瀬は深く敬愛する駐露公使館付武官八代六郎《やしろろくろう》海軍少佐と同居していた。八代は悲嘆にうち沈む廣瀬に同情してただ黙ってこの不幸に真心より悲しんでいたが、これを見て忠告した。

「廣瀬、もう泣くな。君には陛下がいらっしゃる。日本がある。悲しみ嘆くのはもっともだが、もし不治《ふち》の眼病にでもなるならば、それこそ地下のおばあさんがお喜びなさらんぞ」

するとと廣瀬は夢から覚めたように、

「本当にそうです。そうです」

と答えてようやく立直《たちなお》った。それほど祖母を親愛していたのである。廣瀬武夫《ひろせたけお》という花も実もある軍神を育て上げたのは、「誠の道」を教えた祖母智満子であった。

3

坂本乙女（坂本龍馬・姉）

今日、明治維新《めいじいしん》の志士の中で最も人気の高い一人が坂本龍馬《さかもとりょうま》である。「維新の三傑《さんけつ》」と言われるのは、西郷隆盛《さいごうたかもり》・大久保利通《おおくぼとしみち》・木戸孝允《きどたかよし》だが、当時の人々は真の三傑は西郷のほか高杉晋作《たかすぎしんさく》・坂本龍馬だと言っている。

それほどの人物である龍馬は少年時からすぐれた秀才であったかといえば、全《まった》くその逆であった。吉田松陰《よしだしょういん》や橋本左内《はしもとさない》は神童《しんどう》、秀才の手本だったが、龍馬は落ちこぼれの劣等児であった。

まず頭の出来が悪かった。どのくらい悪かったかというと、龍馬ら郷士《ごうし》（土佐藩の下級武士）は六、七歳にもなると私塾に入って学ぶが、龍馬は十二歳でやっと入塾した。しかし学力不振の上、気が弱く、泣虫だったから、友達にからかわれ笑われいじめられた。喧嘩《けんか》をしてもすぐ負けて泣かされた。おまけに龍馬は十二歳まで寝小便たれ（土佐では「よばれたれ」といった）だった。そのころ龍馬はまわりから「はなたれ」「あまのん（男おんな）」と馬鹿にされた。とても塾でやってゆけずに早々退塾せざるをえなかった。どうしようもない落ちこぼれと見られて、父は嘆きに嘆き、「龍馬は将来ものに成らん。廃《すた》れ者《もの》になる」とまで憂《うれ》いたのである。

「廃れ者」とはただの阿呆《あほう》というのではなく「廃人」、最低の人間という意味である。だがしかし龍馬は見事に立派な青年、人間に生まれ変ってゆく。本当は出来が悪いのではなかった。素晴らしい素質、才能、人間性が眠っており、それが開花するのに少し時間がかかったのである。大器晩成《たいきばんせい》の人物であった。

病弱の母は末っ子の龍馬のことが心配でならず、泣きの涙で十二歳の時に亡くなった。龍馬をおいてゆかねばならなかった母の悲しみが龍馬の寝小便になったのである。龍馬は感受性の強い母思いの少年だった。

死後、次の母がやってきた。この継母《けいぼ》もとても良い人だったが、誰よりも深い愛情を注いで母親に代って龍馬を立派な青年、武士として育て上げたのが、三つ年上の乙女《おとめ》姉さんであった。

乙女は背丈《せたけ》一七六センチ、体重は八〇キロほどあった。当時の女性の平均は一四〇数センチだから大女で、「坂本のお仁王《におう》（大きなお寺の門の両側に置かれている恐ろしい顔をした力士像）」とよばれた。龍馬《りょうま》も長身だったが一七二センチぐらい。乙女《おとめ》は剣術、弓術、馬術、水練《すいれん》など当時の武士の行う武芸が全《すべ》て出来、しかも腕前は男にひけをとらなかった。また四書五経《ししょごきょう》などの学問にもすぐれ、和歌を詠《よ》み絵もかいた。ちょっと類のない賢い男まさりの女丈夫《じょじょうふ》だったが、何より母性愛にあふれた心やさしい女性であった。

龍馬はこの乙女姉さんから手とり足とりすべて教えられたのである。当時の武士の基本的教養である儒教漢学をはじめ和歌の勉強などみな姉仕込《じこ》みである。剣道や水練なども乙女が自ら教えた。龍馬は塾の落第生だから乙女に学ぶしかなかった。乙女は龍馬をあたたかく見守り辛抱強く導き、いつも「龍馬さん、やればできるのですよ」と励まし続けたのである。

龍馬の秘められた才能がようやく花開きはじめたのが十四歳ころである。乙女から教えられた剣道に熱心になり、町道場に通うようになるとめきめき上達、十七、八歳ぐらいになると、同年輩の郷士《ごうし》の子弟中、誰一人かなう者がなくなるのである。

こうして剣道で自信をつけた龍馬は背丈も伸び筋骨たくましくなり、もう昔の弱虫ではなく見違えるような好青年に生まれ変った。乙女は涙を流して喜んだ。人間は一つ自信がつくと自然に他の方面もよくなる。人よりはだいぶ遅れたが、十代後半から学問にも精を出した。「廃《すた》れ者《もの》になる」といって嘆いた父も大喜びで、やがて十九歳の時、龍馬を江戸に出して修業させた。

そのあと龍馬は様々な人物と出会うが、実に多くの人々から親愛された。ほとんどみな初対面で老いも若きも男も女も龍馬に好感を抱いた。よほど素晴らしい人間味があったのである。

龍馬が立派な人間になれた理由は二つである。一つは家族ことに母代りとなってくれた乙女の深い情愛である。もう一つは、劣等生としての挫折体験《ざせつたいけん》である。頭が鈍《にぶ》く気が弱く寝小便たれでいじめられ泣かされて塾を中退した落ちこぼれの体験により、龍馬は人の心の痛み、苦しみ、悲しみのわかる同情心の厚い思いやりの深い人間になることができたのである。

龍馬は頭脳のほうはよくいって並の上である。今日ならとても一流大学には入学できなかったにちがいない。まわりから「龍馬には学問がない」と言われた。龍馬とともに亡くなった中岡慎太郎《なかおかしんたろう》など神童といわれ、十代後半のときいなかの私塾で先生の代講《だいこう》をするほどの秀才であった。そういう人々に比べると遅咲《おそざ》きの龍馬は、決して優秀ではなく当世風《とうせいふう》の学校秀才ではなかった。

しかし龍馬《りょうま》は何より人格すぐれ気高い品性をもち、素晴らしい人間性があり、会う人々を魅《ひ》きつけてやまないものがあった。人間の中身を三つに分けるとすると、頭と胸と腹である。頭は頭脳、知恵。胸は心のあたたかさ、愛情、慈愛。腹は勇気、度量、寛容、寛大な心である。龍馬は頭の方は並か並の上だが、胸と腹がひときわすぐれていた。温かいおもいやりと情愛の持主《もちぬし》だったから人々は龍馬を親愛してやまなかった。勇気、決断、度量は西郷隆盛《さいごうたかもり》並《なみ》であった。三つ揃えば言うことなしだが、より大事なのは頭より胸と腹である。人間はすべからく頭の人であるより、胸と腹の人でありたい。

龍馬は脱藩後、しばしば乙女《おとめ》に手紙を書いている。龍馬にとりもっとも慕わしき人は乙女であったから、節目節目の折《おり》、乙女に自分の熱い思いを吐露《とろ》している。そのうち二つをあげよう。脱藩して半年後のものである。乙女が寝てもさめても龍馬がいまどうしているかと心配していた時である。


さてもさても人間の一生はがてん（合点）の行かぬ（自分の思い通りにならないこと）は元よりの事……それとくらべて私など運がつよく、なにほど死ぬる場へ出ても死なれず、自分で死のうと思うても、又生きねばならん事になり、今にては日本第一の人物勝麟太郎《かつりんたろう》という人の弟子になり、日々兼ねて思いつく所を精《せい》と致しおり候《そうろう》。……国のため天下のため力を尽し居《お》り申し候《そうろう》。どうぞおんおよろこび願い上げ候。かしく。

私を決してながくあるものとやくたいにて候（私が長らく生き続けるとは思わないで下さいという意味）。然《しか》るに人並《ひとなみ》のように中々めったに死のうぞ死のうぞ。……然るに土佐のいもほりともなんともいわれぬいそうろう（部屋住《へやずみ》、食客《しょっきゃく》。坂本家の跡取りではないということ）に生まれて、一人の力で天下うごかすべきは、これまた天よりすることなり。こう申しても、けしてけしてつけあがりはせず、ますますすみこうで（静かに沈潜して）どろのなかのすずめがい（しじみ貝）のようの常につち（土）をはなの先につけ、すな（砂）をあたまにかぶりおり申し候。御安心なされかし。穴《あな》かしこ。

自分のことを深く心配してやまない乙女に、いま私は日本第一の人物勝海舟《かいしゅう》先生のもとで一心に学び国のため精一杯尽しています。しかし決して思い上がることなく、泥の中のしじみ貝のように沈潜《ちんせん》して一歩一歩地道に努力していますから、お姉さんどうかご安心下さいという意味である。母代りになって劣等児の自分を一人前にしてくれた乙女《おとめ》を、龍《りょう》馬《ま》がいかに親愛し景慕《けいぼ》してやまなかったかがわかる。龍馬はあちこちで親しくなった同志たちに乙女のことを語ったから、その話をしはじめると人々は「また乙女姉さんの話が始まった」と笑った。龍馬を育て上げた乙女大姉《だいし》の名は、龍馬の名が知れ渡るにつれて有名になった。龍馬の妻お龍《りょう》はこうのべている。

「龍馬が常に言っていました。おれは若い時に親に死に別れてから、乙女姉さんの世話になって成長《ふと》ったので親の恩より姉さんの恩が太いってね」

坂本龍馬という明治維新《めいじいしん》を代表する一英傑《えいけつ》が出たのは、全《まった》く乙女という母代りの姉がいたからであった。

4

野村望東尼（「維新志士の母」）

勤皇志士の慈母

明治維新において数多くの志士《しし》たちが立上《たちあ》がり、未曾有《みぞう》の国難に直面した祖国を救うために心血を注いで命を捧げた。このとき志士たちをかげで支えたのが、母や妻たちである。こうした女性たちがいなかったならば、志士たちはあれほどの働きを決して出来なかった。

志士たちから母のように慕われた女性が野村望東尼《のむらもとに》（「ぼうとうに」ともいう）である。望東尼は文化三年（一八〇六）、福岡藩士浦野勝幸《うらのかつゆき》の三女として生まれた。父は三百石の上士《じょうし》である。名はもと、人柄、容色ともにすぐれ立派な教育を親から受けた。十七歳で二十年上《としうえ》の福岡藩士と結婚するが半年で離縁になった。そのあと二十四歳のとき野村貞貫《のむらさだつら》に嫁いだ。ともに再婚で夫には三人の男子があった。以後夫がなくなるまで三十年間、もとは主婦として尽し深い愛情を以《もっ》て三児を育て上げた。貞貫は人柄、教養ともにすぐれた人で、夫婦の仲はうるわしかった。四人もの子供を授かったがしかしみな夭折《ようせつ》している。子宝には恵まれなかった。

元々知性高く教養が並々ではなかったもとは若いときから和歌を詠《よ》み古典を学んだが、貞貫も同じ趣味をもっていた。貞貫が六十六歳で亡くなったとき、五十四歳のもとは剃髪《ていはつ》し仏門《ぶつもん》に入り、このときから野村望東尼《のむらもとに》と名乗った。望東尼の女性勤皇家としての生活の出発である。

望東尼がはじめて知り合った福岡の勤皇志士《きんのうしし》が平野國臣《ひらのくにおみ》である。平野國臣は福岡藩における尊皇運動の先駆者《せんくしゃ》として名高いが、文久《ぶんきゅう》二年（一八六二）、藩から処罰を受けて牢獄に入れられた。望東尼は深い同情を寄せ人づてにしばしば歌を送って平野を慰めた。その一つ。

類《たぐひ》なき　声に鳴《なく》なる　鶯《うぐひす》も

籠《こ》にすむうき目　見る世なりけり

福岡における最もすぐれた尊皇《そんのう》の先駆者である平野を鶯にたとえ、世にいれられず獄中の人になったことの悲しみを詠んだものである。平野は深く悦び、紙捻《こより》でしたためた歌を返している。

やがて出獄した平野は、望東尼の住む平尾山荘《ひらおさんそう》（現福岡市内）をしばしば訪れた。二人は相信じ合い固い同志の絆を結んだ。以後、加藤司書《かとうししょ》、中村円太《なかむらえんた》、月形洗蔵《つきがたせんぞう》、早川養敬《はやかわようけい》はじめ福岡勤皇党の志士たちが頻繁《ひんぱん》に出入りするが、望東尼は心から歓待し至れり尽せりのお世話をした。これらの志士たちとは親子ほどの年齢の差があったが、望東尼は志士たちから母のごとく慕われるのである。平尾山荘は志士たちにとり無二の集会場になった。

文久三年（一八六三）、平野國臣がいよいよ最後に立上《たちあ》がるとき、二人が交《かわ》した歌はこうである。

数ならぬ　身《み》はやま風と　なりてだに
みひかりかくす　雲をはらはむ　（平野）

惜しからぬ　命ながかれ　桜ばな
　雲居《くもゐ》に咲かむ　春を見るべく　（望東尼《もとに》）

※雲居＝皇居

維新《いしん》の志士《しし》の中で最も香り高い尊皇愛国の歌を詠んだ人物の一人が平野であり、女性では望東尼であった。

高杉晋作への暖かい支援

元治元年《げんぢがんねん》（一八六四）十一月、高杉晋作《たかすぎしんさく》が山口を脱して福岡に逃れてきた。当時、長州藩は徳川幕府に屈従《くつじゅう》する俗論党《ぞくろんとう》が政府を支配し、正義派の高杉らは命を狙《ねら》われていた。そこで中村円太《なかむらえんた》、月形洗蔵《つきがたせんぞう》、早川養敬《はやかわようけい》ら福岡勤皇党の人々が高杉を救おうとして尽力、望東尼のいる平尾山荘に潜《ひそ》ませることにしたのである。

望東尼は同情を惜しまずしばらくの間厚くもてなした。望東尼は一見して高杉の人物の非凡《ひぼん》さがわかった。高杉はこのとき谷梅之助と名乗っていたが、望東尼はこう詠《よ》んでいる。

冬深き　雪のうちなる　梅の花
　　埋《うも》れながらも　香《か》やはかくるる

長州の俗論党政府に命を狙われて福岡に亡命してきた谷梅之助なる人物は、いま表に出られずここに潜居《せんきょ》しているが、なんと気高いすぐれた人物であろうかという意味である。このとき高杉二十六歳、望東尼五十九歳、息子のような若い高杉の真価をすぐに見抜いたのである。平野國臣《ひらのくにおみ》の没後、気質が似通《にかよ》う高杉を知ったことは大きな悦びであった。

高杉は十日余り滞在したが、俗論党政府が正義派の人々を弾圧し処刑していることに対して憤然《ふんぜん》として立上《たちあ》がった。そのとき望東尼はかねて用意しておいた新調の衣服一式を高杉に贈り次の歌を添えた。

まごころを　つくしのきぬは　国のため

たちかへるべき　衣手《ころもで》にせよ

※つくし＝尽しと筑紫を掛けている。たち＝着物を裁つと立つを掛けている。

やまぐちの　花ちりぬとも　谷の梅
　開く春べを　堪《た》えて待たなむ

高杉は深く感謝して山荘を立つが、そのあと下関で決起しその年暮《としくれ》から慶応元年《けいおうがんねん》（一八六五）にかけてついに俗論党政府を打ち倒して、長州藩を正義派の政府に戻し挙藩一致《きょはんいっち》、尊皇討幕《そんのうとうばく》に向って邁進《まいしん》するのである。全《まった》く高杉の乾坤一擲《けんこんいってき》の大仕事であった。これを伝え聞いたとき望東尼《もとに》の歓喜やる方なくこう詠《よ》んだ。

谷の梅という人国のあだを平げたりとききて

谷深み　ふふみし梅の　咲き出《い》づる
　風のたよりも　かぐはしきかな

※ふふみし＝含むこと

やがて四境戦争《しきょうせんそう》後に高杉は病死するが、そのとき望東尼はこうのべている。

「長（州）も高杉一人の力にてかかる国柄《くにがら》（高杉が四境戦争で幕府軍を打破り、薩摩藩とともに藩を挙げて尊皇倒幕に突き進む体制をつくり上げたこと）とはなりつるさまになん、誠に誠に日本第一の人と、ここの人も山中（成太郎、望東尼友人）あたりもいい侍《はべ》れば、いかでこたびの病《やまい》（高杉の病気）おこたれかし（病気が治ってほしい）と、いずれも祈り侍るぞかし」

長州の人々はみな高杉を「日本第一の人」と仰ぎ、肺病で倒れやがて亡くなる高杉の回復を祈らぬ人はなかったと望東尼はいうのである。高杉は長州にとり全く《まった》唯一無二《ゆいいつむに》の人傑《じんけつ》であったのである。

一方、福岡藩では勤皇党への大弾圧《だいだんあつ》が行われて、加藤司書《かとうししょ》、月形洗蔵《つきがたせんぞう》など二十人が死刑にされ、その他四十余人が遠島、牢獄などの厳しい処罰をうけた。そのうち女性でただ一人望東尼は勤皇党の一員として罰せられ、玄界灘に浮かぶ姫島に遠島《えんとう》入獄の身《み》となるのである。

明治維新《めいじいしん》がいかに困難を極めた大事業であったかがわかる。維新に立上《たちあ》がる事ができた藩は三百藩中、薩摩《さつま》と長州《ちょうしゅう》だけであった。その薩摩でさえ内部の反対は根強く大半は幕府支持派であった。長州もそうで正義派と幕府べったりの俗論党が激しく争い、最後に高杉晋作《たかすぎしんさく》が立上《たちあ》がりようやく藩は一つになった。いわんやそれ以外の藩はみなどうしようもなかったのである。

福岡藩は薩摩・長州・土佐に次いですぐれた勤皇の志士が生まれたが、幕府の存在を永遠視する藩政府は志士たちを一網打尽《いちもうだじん》にし、薩摩・長州と並んで明治維新に貢献しうるすぐれた人材を数多く殺したのである。それほど幕府政治を絶対視し、王政復古《おうせいふっこ》、明治維新など痴人《ちじん》の白昼夢《はくちゅうむ》と思って疑わなかったのである。

高杉と涙の再会と別れ

望東尼《もとに》は慶応元年(一八六五)暮、姫島に送られて牢獄に入れられた。そのあと高杉晋作らに救出されるまで十ヵ月間、悲惨《ひさん》な監禁《かんきん》生活を送った。しかしこの時六十歳の望東尼は決して挫《くじ》けなかった。

うきぐもの　かかるもうれし　もののふの

やまと心の　かずにいる身は

福岡勤皇党の一員と見なされ女性の身でただ一人処罰を受けたことこそ、一身の誉《ほま》れであり喜悦《きえつ》すべきことだというのである。何《なん》と気高《けだか》く毅然《きぜん》とした雄心《ゆうしん》であろう。

牢獄は四畳の荒板敷《あらいたじき》で周囲は荒木を組合《くみあ》わせた荒格子《あらごうし》である。食物は貧しく暖《だん》もない。冬は寒風が吹きすさび夏は焼けるような日に照らされ、加えて蚊《か》や蚤《のみ》の襲撃を受けた。しかし望東尼はこの牢獄生活に耐え抜いた。

望東尼の遠島入牢を聞き知った高杉は、四境戦争の勝利が確定した慶応二年（一八六六）九月、望東尼救出を決意して数名の者を使い、牢を破り望東尼を下関に迎えた。こうして先の恩義に報いた。望東尼は高杉と涙の再会をした。

しかしこのとき高杉は不治の病いにかかっていた。長州のため日本のため全心身を捧げて超人的活躍をした高杉はその短い生涯の最期《さいご》を迎えていたのである。望東尼は高杉の回復をひたすら祈って看護につとめた。いよいよ最期のとき、高杉と望東尼が唱和したのが次の歌である。

面白き　こともなき世に　おもしろく　（高杉《たかすぎ》）
すみなすものは　こころなりけり　（望東尼《もとに》）

望東尼は高杉が親愛、敬慕してやまなかった「志士の母」として大切にされ、長州藩主父子から下賜品《かしひん》まで拝領《はいりょう》した。そのまま長州にとどまり慶応三年（一八六七）十一月、六十二歳で亡くなった。

幕末勤皇女性の名歌

望東尼は古典の教養深い幕末きってのすぐれた女流歌人で味わうべき名歌を数多く残した。既出以外の歌をあげよう。

梅の花　匂《にほ》ひや袖に　とまりなむ
千度木《ちたびこ》の間《ま》に　行きかよふまに

待たれつる　しるしばかりの　はだれ雪
　降るかと見れば　さす日影《ひかげ》かな
※はだれ雪＝まだらに降りつもった雪

一すぢの　道を守らば　たをやめも
　ますらをのこに　劣りやはする
※たをやめ＝女子。ますらをのこ＝男子。

兵庫の湊《みなと》にあがりて楠公《なんこう》（楠木正成《くすのきまさしげ》）の石碑（「嗚呼忠臣楠子之墓《ああちゅうしんなんしのはか》」）にまいりて
かしこしと　ぬかづくうちも　わが袖の
　みなと川水《かはみず》　せきぞかねつる
※せきぞかねつる＝涙をとめることができない。やがてここに楠木正成を祀《まつ》る湊川神社が建立
　された。

御所拝観の折《おり》

白妙《しろたへ》の　みのしろごろも　見るばかり
　けふ九重《ここのへ》に　ふれる白雪

※みのしろごろも＝見にまとう白衣。九重＝皇居。

さきそむる　梅にもまさる　けしきにて
　斎垣《いがき》に匂《にほ》ふ　春のあは雪

※けしき＝景色。斎垣＝上賀茂神社・下鴨神社。

数《かず》ならぬ　この身《み》は苔《こけ》に　うもれても
　大和心《やまとごころ》の　種《たね》はくたさじ

※くたす＝腐らす、だめにすること。大和心の種はくたさじ＝大和魂を後世の人々にしっかりと伝える。

世にありて　かひある人に　かはりなば
　今も惜しまぬ　老《おい》が命ぞ

※福岡勤皇党の志士たちが弾圧され死刑・重刑に処せられた時の歌

きられても　ほほえむ瓶《かめ》の　梅の花
　さてこそ人も　あらまほしけれ

流さるる　われな思ひそ　君が身《み》を
　まもりて国を　猶《なほ》まもれかし

※望東尼《もとに》は姫島に流されて入獄。な〜そ＝するなかれ。君＝天皇。

暗き夜の　人やに得《え》たる　ともしびは
　まこと仏《ほとけ》の　光なりけり

※人や＝牢獄。牢獄では夜火をともすことを禁じられているが、番人がそっとろうそくをともしてくれた時の歌。

暖《あたた》むる　袖《そで》より胸ぞ　こがれぬる

あまが心の　深きおき火に
※姫島の海女《あま》が同情して外から火をもって袖を暖めてくれた時の歌。こがれぬる＝焦がれる。
火に焼かれる。おき火＝赤くもえた炭火。

流れこし　うき身《み》忘れて　迎えてむ
いづこも御代《みよ》の　春と思へば

島人《しまびと》の　情《なさけ》の数《かず》も　身《み》の憂《う》さも
つみ重ねたる　年のもちいひ
※島人から鏡餅《かがみもち》をおくられた時の歌。「もちいひ」は餅。

灯《あかり》無き　人やに住みて　昔より
親しみまさる　夜半《よは》の月影《つきかげ》

御代《みよ》を思ふ　矢たけ心の　一《ひと》すぢも

弓《ゆみ》とる数《かず》に　いらぬかひなき

※高杉晋作に救出されて長州でかくまわれた頃、宮市《みやいち》天満宮に倒幕戦必勝の祈願をして七日間絶食、一日一首を手向《たむ》けた。「矢たけ心」は勢い激しい勇猛心。男であったなら倒幕の戦いに立ちたいがそれがかなわぬ悲しさを詠んだもの。望東尼《もとに》はこの時六十二歳、この烈々たる大和魂がそのやさしさとともに高杉や平野國臣《ひらのくにおみ》を敬慕させてやまなかった。

梓弓《あづさゆみ》　引く数《かず》ならぬ　身《み》ながらも
　思ひいる矢は　ただにひとすぢ

※男子とともに戦いに立つことはできないけれども、ただ一筋に皇国日本を思う心は決して劣りはしない。断食中の一首。

もののふの　君にささげし　しかばねの
　朽《く》ちてぞくちぬ　名をしるしいし

※高杉始め長州勤皇志士の墓を詣でた時の歌。「君」＝天皇。「いし」＝墓。

君がため　身《み》をくたしてぞ　くちやらぬ
　いはほにきよき　名はとどめける
※君＝天皇。くたす＝腐らす、そこなう、身を捧げること。くちやらぬ＝わが身を滅してもその名は朽ちぬこと。いはほ＝墓。

久方《ひさかた》の　照る日《ひ》の本《もと》の　うき雲を
　吹きはらひませ　伊勢の神風
※久方＝日にかかる枕詞。うき雲＝浮きと憂きを掛けている。伊勢の神風＝伊勢神宮に祀《まつ》られる天照大御神《あまてらすおおみかみ》。

望東尼《もとに》は人格すぐれた情愛深い気立てのやさしい女性であった。いわゆる男まさりの女丈夫《じょじょうふ》という人ではない。表には立たなかったが、陰《かげ》で勤皇《きんのう》の志士《しし》たちを支えた。志士たちと手を結び彼らを暖かく包容し激励して鞭撻《べんたつ》、その目的を達成せしめることに心を砕いた。望東尼の母性愛に溢《あふ》れたうるわしい人柄が、志士たちにとりどんなに大きないたわり、慰めになったかはかりしれない。志士たちはこの慈母《じぼ》の励ましに奮《ふる》い立《た》ったのであった。望東尼と名乗ったのは、東つまり皇居のある京都を望む、宮闕《きゅうけつ》（皇居）を仰ぐという心からである。

武士《もののふ》の　やまと心を　よりあはせ
　ただひとすぢの　大綱《おほづな》にせよ

野村望東尼は日本婦人の一典型であり、幕末維新史における勤皇女性の象徴であった。

第4章　皇室の女性方

1

弟橘姫（日本武尊妃）

わが国上代《じょうだい》の代表的人物の一人が日本武尊《やまとたけるのみこと》である。『古事記《こじき》』にも『日本書紀《にほんしょき》』にもその活躍ぶりが鮮かに記されているが、上代日本の武人の典型・詩人の典型であり、悲劇の英雄であった。

日本武尊は第十二代景行天皇《けいこうてんのう》の皇子《みこ》として生まれた。勇武並《ゆうぶなみ》はずれていた尊《みこと》は十六歳という若さで天皇のご命令をうけて反乱を起した九州の熊襲《くまそ》を成敗《せいばい》（処罰すること）した。次いで出雲《いずも》を平定、そのあと東国の蝦夷《えみし》が反逆したので東征《とうせい》して鎮定《ちんてい》した。尊《みこと》は亡くなる三十歳の時まで西に東に反乱平定に奔走《ほんそう》するのである。

その時の物語である。日本武尊が相模国《さがみのくに》にやってきたとき、その国人《こくじん》に欺《あざむ》かれて野原で焼き殺されかかった。尊《みこと》は草薙剣《くさなぎのつるぎ》をもって草を苅り払い危機を脱して、火をつけた者どもを討伐した。

そのあと、さらに東に進み浦賀《うらが》から船を出して対岸の上総《かずさ》方面に渡ろうとした。そのとき尊《みこと》は「これ小さき海のみ。立跳《たちおどり》にも渡りつべし（こんな小さな海だから、駆けてとび上って簡単に渡ることができよう）」と大言壮語した。ところが途中でたちまち暴風が起り荒狂《あれくる》う大波の中、船は漂い今にも転覆せんとした。このとき尊《みこと》につき従ってきたお妃《きさき》である弟《おと》橘　姫《たちばなひめ》が尊《みこと》に申し上げた。

「あれ（われ、私）、御子《みこ》に易《かわ》りて海の中に入《はい》らん。御子《みこ》はまけ（天皇から任命されて派遣されること）の政《まつりごと》を遂《と》げて覆奏《かえりごと》（天皇に任務を遂行したことを奏上《そうじょう》すること）もうしたまうべし」

そうして菅畳八重《すがだたみやえ》、皮畳八重《かわだたみやえ》、絁畳八重《きぬだたみやえ》を波の上に敷きてその上に下りた。つまり姫は海の中に身を沈めたのである。最期《さいご》のこのとき弟橘姫は次の歌をうたった。

さねさし　相模《さがむ》の小野《を（お）の》に　燃ゆる火の
火中《ほなか》に立ちて　問ひし君はも

※さねさし＝相模にかかる枕詞
歌意「相模国の野原で敵に焼打《やきう》ちにあった時、必死になって戦い、盛んに燃える火のその炎の中で、私の安否《あんぴ》を尋《たず》ねてくださいましたあなた様でいらっしゃいました」

弟橘姫《おとたちばなひめ》は焼き殺されかかったとき、姫の名を呼び続けて自分を救い出してくれた尊《みこと》に代って、一身を犠牲にし海神の怒りをなだめんとして海中に身を投じたのである。ここにおいて荒波はおさまり、尊《みこと》の軍勢《ぐんぜい》は海を渡ることができた。弟橘姫は日本武尊《やまとたけるのみこと》が天皇から命ぜられた東国平定の使命を立派に果たして復命《ふくめい》できることを心から祈り、わが身を投げ出されたのであった。この御歌《みうた》は今も私達の心を深く打ってやまない相聞《そうもん》(親子・夫婦・兄弟・男女などの間の相思相愛の情をうたう歌。主として恋の歌)の絶唱《ぜっしょう》である。姫が入水《じゅすい》した七日後、その御櫛《みぐし》が海辺に流れつくが、尊《みこと》はそれをとって御陵《みささぎ》を造っておさめた。

尊《みこと》は東国を平定し終り帰路、相模国足柄山《さがみのくにあしがらやま》に来たとき、今は亡き弟橘姫のことを深く思いその死を嘆いて、「吾妻《あづま》はや(ああ、わが妻よ)」と言われた。ここから東国を「あづま(東)」というようになった。日本武尊と弟橘姫の物語は日本古典の美しい名場面だが、保《やす》田《だ》與重郎《よじゅうろう》は弟橘姫につきこうのべている。

「この時の弟橘姫は、単なる個人的な愛情に生きられたのではなく、実に『まけの政《まつりごと》遂《と》げて覆奏《かえりごと》申す』皇子《みこ》の御為《みため》に、その使命完遂《かんすい》を祈念しその遂行のために一時身代わりになると申されたのである。即ち皇子のもたれたる大きい仕奉《しほう》のみち(天皇に仕え奉《たてまつ》る道)によって、その御生命は皇子と一つだったのである。単なる愛情によって一つになるというのではない。愛する者のために命を投ずることは、それのみでも容易でないのであって、それのみでもなお頌《しょう》す（ほめたたえること）べきことであるが、ここで弟橘姫の御言葉に現われたものは、そういう人間自然の愛情の極致《きょくち》のみでなく、勅命《ちょくめい》（天皇のご命令）に対する覆奏《ふくそう》ということを申され、この仕奉の大きい道といのちにおいて最も愛し尊む御方《おかた》と一体になっていられるのである。これがわが国女性の愛情挺身《ていしん》の極致であり、歓喜崇高《かんきすうこう》の最高の情《じょう》であろう。愛人のために身を投ずることも人間自然の情の歓喜の最高のものであり、美談として極めて高いものであるが、我が愛情の道にはさらに深く高い歓喜の大いなる極致があり崇高なものがあることを、今日も最も美しいものの実相《じっそう》として知るべきである」

弟橘姫のこの上ない気高い精神をのべている。繰返《くりかえ》し読んで味わってほしい。日本女性の真実の愛の崇高唯美《ゆいび》の姿がここに示されているのである。

最後に日本武尊が伊勢国《いせのくに》で最期《さいご》を遂げた時詠《よ》まれた御歌《みうた》を掲げよう。

倭《やまと》は国のまほろば　たたなづく　青垣《あをかき》　山隠《やまごも》れる　倭しうるはし

※大和は国土のうちで最も立派ですぐれた所であることだ。重なり合っている青垣よ、その青垣山に囲まれている大和はああ何と美しくすばらしいことだ。

2

昭憲皇太后（明治天皇皇后）

明治天皇のご敬愛――「美宮《はるみや》さん」「あなた」

明治天皇《めいじてんのう》は近代日本が非西洋民族中ただ一つ真の独立を全《まっと》うし世界的雄飛《ゆうひ》を遂げる上に、国家国民の統合と団結の核心であった。明治天皇のご存在が光輝ある近代日本を生み出した根本であった。この偉大なる明治天皇が心から敬愛してやまなかったお妃《きさき》が、昭憲皇太后《しょうけんこうたいごう》（明治天皇崩御《ほうぎょ》後、皇太后とよばれる。「昭憲皇太后」は崩御後の称号だが、明治天皇ご生前時も慣例として「昭憲皇太后」との言い方・記し方をする）である。

昭憲皇太后は五摂家《せっけ》（摂政《せっしょう》・関白《かんぱく》になることが出来る最高の五つの公家《くげ》）の一つである左大臣一条忠香《いちじょうただか》の三女として誕生、十九歳のとき十七歳の明治天皇の皇后となられた。

昭憲皇太后は類稀《たぐいまれ》な高貴な人格の持主《もちぬし》で、何より思いやり深く慈悲心の厚さは天性であった。その上、学問、和歌作り、書道、茶道、華道、琴などの諸芸道すべてにおいてずば抜けて秀《ひい》で、容色《ようしょく》も申し分なかった。少女時代、屋敷で働く女中たちと廊下ですれ違うと、必ずにっこりとほほえみ返礼したが、女中たちは「壽栄姫《すえぎみ》（幼名）さんにお会いした日は一日幸せな気分」と喜んだ。

明治天皇と美子《はるこ》皇后（「美子」は明治天皇からいただいたお名前）は四十四年間終始一貫お互い敬愛の誠を尽された。天皇は皇后にいつも親しく「美宮《はるみや》」「美宮さん」「あなた」と呼ばれた。お二人の仲睦《なかむつ》まじさは女官たちの語り草となった。明治五年、天皇は初めて国内を二ヵ月近くご巡幸《じゅんこう》（天皇が各地をご訪問されること）なされた。皇居にとどまる皇后をしのばれて、明治天皇は次のお歌を詠《よ》まれた。

玉くしげ　あけぬくれぬと　思ひつつ
　恋ふる人こそ　見まくほしけれ

※玉くしげ＝あけるにかかる枕詞

言《こと》の葉《は》に　こころの底を　もらしかね
　しのびてつらき　思ひなりけり

松風の　吹く音聞きて　わがこころ
　恋しき人を　思ひ出《い》でつつ

時に天皇二十一歳、皇后二十三歳。旅寝の空の下、明治天皇がいかに美子《はるこ》皇后を恋しく切に思われたことか。お二方の間柄は俗世間の言葉を使うなら「熱々《あつあつ》の仲」で、まわりの人々はあてられ通しであったのである。後年、明治天皇はこうのべられている。

「美宮はわしより賢明だ」

「皇后はやさしいお顔で理で物事を考えられる。わしはこれまで何度か教えられることがあった」

天皇は常に「わし」と自称された。ご壮年時、明治天皇は伊藤博文《いとうひろぶみ》など政府首脳の言動、上奏《じょうそう》等に対して御心《みこころ》に叶《かな》わずお怒りの姿勢を見せることがあった。そのようなとき、皇后はいつも謙虚な態度を失わず、懇々《こんこん》と条理《じょうり》をつくしておとりなしをされた。その際、天皇はこれを素直に聴かれてお気持ちを和《やわ》らげられ、奏請《そうせい》した通りにご裁可《さいか》になられることがよくあった。明治天皇は美子皇后を真に敬愛され全幅《ぜんぷく》の信頼をおかれたのである。伊藤博文などはしばしば昭憲皇太后に助けられている。美子皇后は生涯撓《たゆ》まざる修養を積まれ、明治天皇に対して慎みと誠の心を以《もっ》て終始お仕《つか》えした。

このような話がある。あるとき明治天皇は漢字をお忘れになり、「何々の字はどう書くのか」とお尋ねになった。昭憲皇太后は知っているに違いないと思われたからである。しかし皇后は承知の場合でも即答されず字典その他をとりよせられ、「書物にはかように記載してありますから、こう書くのが正しいかと存じます」とつつましくお答えになるのが常であった。決して知ったかぶりをされず、天皇陛下のおたずねに対して誤りなきようつとめられたのである。

学問のご奨励と傷病兵への慰撫《いぶ》

ご自身ことのほか学問に励まれた皇后は、女子教育に深い関心を払われてその発展を望まれ、しばしば各学校へ行啓《ぎょうけい》（皇后が各地をご訪問になること）され親しく生徒を励まされた。明治九年、東京女子師範学校(現お茶の水女子大学)にお出ましになられた時、次の御歌《みうた》を賜《たまわ》った。

みがかずば　玉《たま》も鏡《かがみ》も　何《なに》かせむ
　　まなびの道も　かくこそありけれ

そのとき皇后をお迎えした生徒たちは、「笑みをたたえた女神《めがみ》さまのよう」と皇后を敬慕してやまなかった。また華族《かぞく》女学校(後の学習院女子部・現学習院女子大学)や跡見《あとみ》女学校(現跡見女子大学)にも度々行啓《たびたびぎょうけい》された。明治二十年、皇后は華族女学校に次のお作を賜った。

金剛石《こんごうせき》

金剛石もみがかずば
珠《たま》のひかりはそはざらむ
人もまなびてのちにこそ

まことの徳はあらはるれ
時計のはりのたえまなく
めぐるがごとく時のまも
日かげをしみてはげみなば
いかなるわざかならざらむ

水は器《うつわ》

水はうつはにしたがひて
そのさまざまになりぬなり
人はまじはる友により
よきにあしきになれるなり
おのれにまさるよき友を
えらびもとめてもろともに
こころの駒《こま》にむちうちて
まなびの道にすすめかし

金剛石《こんごうせき》のお作は作曲されて今なお歌い続けられている。明治天皇はこのお歌をとても好まれて、お酒を召《め》されて陶然《とうぜん》となられたときなど、しばしば皇后のそばで琵琶《びわ》をひかせて、「金剛石も……」と大きな声で歌われた。皇后様の作られたお歌を明治天皇が楽しく歌われたのである。天皇が美子《はるこ》皇后をいかに親愛されていたかわかる。

日清戦争《にっしんせんそう》や日露戦争《にちろせんそう》の時には宮中《きゅうちゅう》の一室に繃帯《ほうたい》製作所を設け、毎日ご自身白衣を召されて女官らとともに繃帯作りに寸暇を惜しみ精励された。また病院を訪れて親しく傷病兵を慰問された。明治二十八年二月、東京陸軍予備病院に行啓《ぎょうけい》された時のことにつき、皇后大夫《だいぶ》香川敬三は広島大本営にある石黒忠悳《いしぐろただのり》衛生長官（陸軍軍医総監）にこう報じている。

「去る十六日、皇后陛下には……負傷者を一々ご慰問遊ばされ候《そうろう》。患者の内には感泣《かんきゅう》の余《あま》り声を上げ候者《そうろうもの》もままこれあり候。小生等お側近く侍《はべ》り終始落涙つかまつり候。皇后陛下には例《れい》ながら（いつもながら）一々お懇《ねんご》ろに負傷の実況、負傷当時のことなど聴こし召《め》し上《あ》げられ候ゆえ、患者も一同感戴《かんたい》（深く感激すること）候様子《ようす》に見受けられ候。皇后陛下にも折々お涙を浮かべさせられたまいしを拝見候。……貴君《きくん》御存知の通り今に始めぬ御仁《ごじん》恵《けい》（仁愛・恩恵）何とも申上《もうしあ》げようなく感泣のほかこれなく候」

同年三月には広島陸軍病院を慰問された。前同様に各室を回りあたたかいお言葉をかけられたあと、終りに呼吸器病の重病者ばかりの病室に至り、皇后はすぐ入室せんとした。しかしこの部屋は医師と看護婦以外入室禁止だったので、そばにいた石黒衛生長官があわててお止めした。しばらく入口に立たれた陛下は目に涙をたたえて、

「いずれも軽からぬ容体なれば、とくと療養を加え快方に向《むか》わんことを望みます」

と言われた。石黒衛生長官以下重患者たちみな陛下のやさしき心に感涙《かんるい》しない者はなかった。昭憲皇太后《しょうけんこうたいごう》は国民の母たる広くあたたかい仁慈《じんじ》のお心をもって、国家に忠誠の限りを尽して戦い抜いた傷病兵を慰撫《いぶ》されたのである。

ご激励に奮い立った金子堅太郎

日露戦争《にちろせんそう》が開始されるや、金子堅太郎《かねこけんたろう》は元老《げんろう》筆頭の伊藤博文《いとうひろぶみ》からアメリカ行きを依頼された。戦争終結の際、日露両国の間にあって調停すべき国はアメリカしかなく、そのためルーズベルト大統領と懇意である金子に、直ちに訪米してルーズベルトに会いアメリカの同情を日本に引き寄せるべしという特命《とくめい》であった。元来、アメリカとロシアは親密な関係

にあったから、金子は任務の遂行に全く成算《せいさん》はなく頭を抱《かか》えこむのである。

いよいよアメリカに立つ準備をしていた二月十四日朝のことである。金子は妻子とともに葉山《はやま》の別荘にいたが、事前に何の連絡もなく突如、近くの御用邸に滞在されていた皇后のご訪問を受けたのである。驚きあわてて出迎える金子に皇后はこうのべられた。

「今朝《こんちょう》は早々から金子の家を騒がせて気の毒に思う。昨夜、香川(敬三、皇后宮大夫《こうごうぐうだいぶ》)より聴けば、金子は近々米国に渡航する由《よし》、その御用の趣《おもむき》は知らざれども、このたび日露の両国戦争となりたれば、金子が米国に行くことは必ず重大な任務を奉《ほう》じてのことならん(皇后は金子の任務を知っていたが、決して出過ぎた言い方をされずにこうした慎みある言い方をされるのである)。よって御国《みくに》のために十分尽力するよう親しく金子に依頼せんがため、今朝早々来《きた》る次第なり。なお海陸長途の旅行及び在米中はせっかく身体を大切にして任務を尽されたし」

金子は皇后陛下がわざわざお出ましになり、この余《あま》りにも有難いお言葉を賜《たまわ》ったことに恐懼《きょうく》(恐《おそ》れいること)と感激で胸が一杯となり深く頭《こうべ》を垂《た》れて、

「謹《つつし》んでご沙汰《さた》(命令)を拝《はい》し力の及ぶ限り御国の為に尽力いたします」

と奏答《ほうとう》した。

そのあと皇后は紅白の菓子をお手ずから与えられ、金子には仙台平《せんだいひら》の袴地《はかまじ》、妻には白羽《しろは》二重《ぶたえ》（絹布の一つ）、息子、娘にもそれぞれ別のものを下《くだ》された。

金子はこの思いもかけぬ皇后陛下のご来臨《らいりん》と励ましに、百万の味方《みかた》を得た心地《ここち》がしたのである。元老の伊藤の頼みをことわりきれず承諾したものの成功の自信は全くなかった金子だったが、勇気が腹の底からこみあげて出立《しゅったつ》、アメリカで立派に任務を果たすことが出来たのであった。金子にとり皇后陛下の励ましは、おそらく明治天皇から頂くよりもきっと大きかったに相違ない。皇后陛下の内助《ないじょ》の功《こう》がいかに絶大であったかの一例である。

皇太子（大正天皇）の敬慕・その他
――「自分はまことの子でありたかった」

はたの目にもうるわしい天皇と皇后の間柄であったが、悲しいことに皇后は皇子《みこ》を授かることがなかった。全く女性の鑑《かがみ》というべき人格・品性の持主《もちぬし》であったが、うらむべくはお体が弱かった。明治天皇はいたくこれを憂えられて皇后のご健康を気遣《きづか》われ、寒い季節にはご自分は政務のため行かれなかったが、避寒と静養のために皇后を葉山や沼津の御用邸に滞在させた。

皇太子となられる明宮嘉仁親王《はるのみやよしひとしんのう》が誕生されたのが、明治十二年である。ご生母は女官《じょかん》、柳原愛子権内侍《やなぎはらなるこごんないし》である。皇后は嘉仁親王の健《すこ》やかなる生育を心から祈念されて深い愛情を注がれた。親王は年少時、皇后を実の母と思われて青年になられたとき、「自分はおたたさん（美子《はるこ》皇后のこと）のまことの子でありたかった」と言われるほど敬慕してやまなかった。

明治天皇が崩御《ほうぎょ》されて、大正天皇が御践祚《ごせんそ》（天皇の御位《みくらい》につかれること）なされた。大正天皇はご即位後すぐ昭憲皇太后《しょうけんこうたいごう》にご挨拶なされたその際のことである。皇太后はご挨拶される位置を、大正天皇の下位にお出ましになられた。ところが天皇は、皇太后様《こうたいごう》に上位におつき願いたいと申された。皇太后は〝このままでご挨拶を……〟と申されて譲り合いがしばらく続いた。その時の有様につき、後に貞明皇后《ていめいこうごう》の皇太后大夫《だいぶ》となる坊城俊良《ぼうじょうとしなが》はこうのべている。

「この時、皇太后は静かに言葉を改められ、大正天皇に〝今は一天万乗《いってんばんじょう》の御位《みくらい》（天皇の御位）におつきになられたのでありますから、上座にお着きにならなければいけません〟とお優しき中にも威儀を正してお訓《さと》しになられた。母后《ぼごう》に対して、あくまで親子の礼をつくそうとされた大正天皇も静かに一礼して、しぶしぶ上座に直《なお》らせられ御践祚《ごせんそ》のご挨拶を申しのべられた。

これは全く奥向《おくむき》のお内輪《うちわ》のことではあるが、昭憲皇太后のいかなる場合にもおとり乱しなどなく、冷静、聡明、国体の本義《ほんぎ》、天皇の御位置の大切な事理《じり》（ことわり）を明白に遊ばされた御逸事《おいつじ》（知られざる出来事）として、特に記憶しているところである。この時の光景は今なお眼前に彷彿《ほうふつ》とし思い出すだに感涙《かんるい》禁じ得ないものがある」

明治天皇が崩御されるや、親子の礼を以て御践祚のご挨拶をなされようとした大正天皇に対して、昭憲皇太后はおさとしの忠言をなされて臣下《しんか》の礼《れい》をとられたのである。

明治天皇は四方《よんかた》の内親王《ないしんのう》をもたれたが、皇后は嘉仁親王《よしひとしんのう》同様、慈愛を尽された。姫宮方《ひめみやがた》も心から皇后をお慕いして、時々清書や手芸作品などをご覧に入れた。皇后はそれらのよい所をお賞めになり、ご褒美《ほうび》に書道の道具や短冊《たんざく》、色紙などを与えられた。姫宮方は皇后からほめて頂くことを何より喜びとし楽しみとして勉学に励まれた。

皇后は孝明天皇《こうめいてんのう》（明治天皇御父君）の皇后、英照《えいしょう》皇太后に、明治天皇とともに孝養を尽された。皇太后は明治維新後、東京に移られて青山の大宮御所《おおみやごしょ》に住まわれた。皇后は皇太后をお慰めすることに心を砕き、吹上御苑《ふきあげぎょえん》にしばしばお誘いして春秋の美しい景色をともにご覧になられた。

昭憲皇太后《しょうけんこうたいごう》は常日頃、いかなる人々に対しても分け隔てなく慈愛あふれるお心を以《もっ》て接せられた。身分の差を問わずいつも温情に満ちたお言葉、態度をもって立ち向われたので、一度でもお目にかかった者はみな感激せざるはなかった。長年奉職した一宮内官《くないかん》はこうのべている。

「誰でも昭憲皇太后に拝謁《はいえつ》した者は、その神々《こうごう》しいご端麗《たんれい》のご容姿《ようし》を拝してまず言い知れぬ感激に打たれるのであるが、なおその上に真に勿体《もったい》ないぐらいのご慇懃《いんぎん》のお態度で、み心をこめさせられたご鄭重《ていちょう》なお言葉を賜《たま》うので恐懼《きょうく》（恐れいること）せぬ者はない。私のような微々《びび》たる（地位がさほど高くないこと）宮内官でも拝謁《はいえつ》を仰せつけられるごとにお情《なさけ》の溢《あふ》れるご懇《ねんご》ろのお言葉を賜り、あまりの有難さに涙がこみあげてすぐには奉答《ほうとう》のできかねることが多かった」

日露《にちろ》戦争直後の明治三十九年、靖国神社に御親拝なされたとき、次の御歌《みうた》を詠《よ》まれた。

みいくさの　道につくして　まこともて
なほ国まもれ　千万《ちよろづ》の神

※日露戦争で亡くなった護国の英霊に対して、なおまことの心をもって皇国日本をお護り下さいとの歌意である

神垣《かみがき》に　涙たむけて　をがむらし
かへりを待ちし　親も妻子《つまこ》も

※神垣＝靖国神社

この日は多くの遺族が社前に居並び参拝していた。その人々のことを深く思いやられて詠まれたのがこの御歌である。日露戦争という国家民族の存亡を決する戦いに命を捧げて、護国の忠霊、靖国の英霊としていま神として祀《まつ》られている息子であり夫であるが、肉親の情として誰か生還を願わぬ者があったであろうかという哀憐《あいれん》の極みというべきお歌である。昭憲皇太后の生涯を貫くものこそ、この限りなき深きご仁慈《じんじ》のお心であった。

人格、学問、見識、優美さ、いずれもこれほどすぐれた女性は稀有《けう》だが、昭憲皇太后はなにより慎み深く謙虚で控え目であった。当時、女官は二十人以上いたが、叱ることは一切なかった。あやまちがあれば、穏やかに「過ちは誰にもあること、以後慎むように」と

さとされるのが常であった。それゆえ全ての女官が悦服《えっぷく》して宮中《きゅうちゅう》は円満に治まった。

言の葉のまことの道

明治天皇同様、美子《はるこ》皇后にとって和歌を詠《よ》むことは生涯にわたるまことの道の修業であった。明治天皇は生涯九万三千首、皇后は約三万首詠まれた。既出以外の主な歌をあげよう。

朝ごとに　むかふ鏡《かがみ》の　くもりなく
　あらまほしきは　心なりけり

みがかずば　玉の光は　いでざらむ
　人のこころも　かくこそあるらし

しろたへの　衣《ころも》のちりは　払へども

うきは心の　くもりなりけり

※うき＝憂き、憂うこと

日に三《み》たび　身をかへりみし　古《いにしへ》の
　人のこころに　ならひてしがな

※がな＝そうしたいものだ。願望をあらわす助動詞。

高山《たかやま》の　かげをうつして　ゆく水の
　低くにつくを　心ともがな

※気高く尊い偉大な存在を仰ぎ敬いつつ、慎みを忘れずに謙虚に生きることの大切さを詠まれたもの

すぎたるは　及ばざりけり　かりそめの
　言葉もあだに　ちらさざらなむ

※言葉がいかに大切か、言葉を慎むこと、よくよく考えて言葉を発すること。失言や過言は取

り返しがつかない。昭憲皇太后《しょうけんこうたいごう》は寡言《かげん》（寡黙であること）であった。

身《み》にしみて　うれしきものは　まこともて
　人のつげたる　ことばなりけり

文机《ふづくゑ(え)》に　むかふ心の　うれしきは
　まことの道に　あへるなりけり

※机に向って書物を開くのは、すべてみな「まことの道」を学ぶためであり、その学びの道を何より大切にされて、それを心からの悦びとされたのが昭憲皇太后であった。古来、日本人が最も大切にしてきた道徳が、大和言葉の「まこと」である。忠《ちゅう》も孝《こう》も仁《じん》も義《ぎ》もみな「まこと」に含まれる。漢字の誠・真・実・信は「まこと」と訓《よ》む。

むらぎもの　心に問ひて　恥ぢざらば
　世の人言《ひとごと》は　いかにありとも

※むらぎも＝心にかかる枕詞

しげりたる　うばらからたち　はらひても
　ふむべき道は　ゆくべかりけり
※うばら＝茨《いばら》ともいう。とげのある植物の総称。　からたち＝針がある。

あつぶすま　かさねてもなほ　さむき夜《よ》に
　しづがふせやを　おもひやるかな
※あつぶすま＝厚い蒲団。　しづがふせや＝国民のすまい。

たたかひの　勝《かち》のたよりを　聞くごとに
　みいくさ人の　身《み》をおもふかな
※みいくさ人＝軍人。日露《にちろ》戦争時の御歌《みうた》。

国のため　いたでおふ身《み》の　うつしゑは
　みるぞ涙ぞ　もよほされける

※うつしゑ＝写真

いまたえむ　いきの下《した》より　万代《よろづよ》を
　うたふときくに　涙こぼれぬ

※将兵が戦死するとき「天皇陛下万歳」を唱えることに対して詠まれた御歌《みうた》

何事《なにごと》も　みなうちすてて　みいくさの
　みちに心を　つくすもろ人

※日露戦争は日本民族の存亡をかけた挙国一致の戦いであった

たのもしき　なにはあれども　戦《たたかひ》に
　勝たではやまぬ　やまとだましひ

天《あま》つ神《かみ》　まもりますらむ　みいくさの
　かちどきたかく　世にひびきけり

※天つ神＝天照大御神《あまてらすおおみかみ》。かちどき＝戦いに勝った時にあげる歓声。

ぬばたまの　夜《よ》ぶかきゆめに　みつるかな
　たづねむとおもふ　人のおもかげ

※ぬばたま＝夜にかかる枕詞。日露戦争直後、皇后陛下は坂本龍馬の夢を見られた。龍馬の忠《ちゅう》
魂《こん》は陛下の夢枕に立ち戦いの前途を憂えられる陛下をお慰めした。

たらちねの　親のいさめし　言《こと》の葉《は》は
　いまなほ耳に　のこりけるかな

七十《ななそぢ》に　ちかきよはひの　母が身《み》を
　こころにかけぬ　日はなかりけり

君がため　まことをつくす　まめ人《びと》は
　神もうれしと　たすけますらむ

※まめ人＝忠実な人

伝えこし　ふみありてこそ　しられけり
　とほつみおやの　神のみいつも

※みいつ＝御稜威《みいつ》。天皇の偉大な徳・神力。『古事記』・『日本書紀』・『万葉集』などの古典があるからこそ皇祖皇宗、御歴代天皇の偉大な聖業《せいぎょう》・ご治績《ちせき》を知ることができる。

ふねの上に　君をとどめて　橘《たちばな》の
　いまはとちりし　こころをぞ思ふ

※弟橘姫《おとたちばなひめ》が日本武尊《やまとたけるのみこと》の身代りとなって海に身を投げ入れた哀史《あいし》を詠《よ》まれたもの

広前《ひろまへ》に　玉ぐしとりて　畝傍山《うねびやま》
　高きみいつを　仰《あふ》ぐ今日かな

※畝傍山＝神武天皇御陵《ごりょう》

神風《かみかぜ》の　伊勢の内外《うちと》の　みやばしら
　ゆるぎなき世を　なほいのるかな

※神風＝伊勢にかかる枕詞。伊勢の内外のみやばしら＝伊勢神宮内宮《ないくう》・外宮《げくう》。

あれましし　日にささげむと　おもふかな
　うゑし垣根《かきね》の　菊のはつ花

※あれましし日＝明治天皇御誕生日（天長節《てんちょうせつ》といった）、十一月三日

大君《おほきみ》の　御代《みよ》ながかれと　おもふこそ
　ちぢの思《おもひ》の　上にはありけれ

※ちぢ＝千々、数多いこと

いずれもみな珠玉《しゅぎょく》の名歌である。昭憲皇太后《しょうけんこうたいごう》の御歌《みうた》は、私たち日本人が踏み行うべき「まことの道」をお教え下っている。和歌が「言《こと》の葉《は》のまことの道」であることが、昭憲皇太后の御歌ほど明らかに示すものは少ない。

しばしば昭憲皇太后のおとりなしで助けられた伊藤博文《いとうひろぶみ》は最晩年こう語っている。

「陛下ほどおえらい方は他にあるまい。国学はもちろん漢学のご素養も十分にあらせられて、およそ日本の女性中、陛下ほど学問に富ませられたものは他にない。しかるにそれを少しも御《おん》おもてにあらわし給《たま》わぬ。天子《てんし》様におむかい遊ばされても、至極《しごく》お控え目のご態度で何事も膝をついて畏《かしこま》って仰《おお》せになる。起ってなど一言《ひとこと》も仰せられたことがない。日本女性のありとあらゆる美徳をご一身にお集めになったのが皇后陛下で、その坤徳《こんとく》（皇后の徳）の崇《たか》きこと、真に日本女性万代《ばんだい》の亀鑑《きかん》（お手本）と仰《あお》ぎ奉《たてまつ》るべきお方じゃ」

決して過褒《かほう》ではない。明治日本の興起《こうき》と躍進は非西洋唯一の例外であり近代世界の奇蹟《きせき》であったが、なぜそれが可能であったかといえば世界から「大帝《たいてい》」とうたわれた明治天皇がいらっしゃったからである。明治天皇をかく偉大たらしめたのは、美子《はるこ》皇后という類《たぐい》稀《まれ》な女神《めがみ》の内助《ないじょ》の功《こう》があったからにほかならない。

3 貞明皇后（大正天皇皇后、昭和天皇御母宮）

天性の慈悲心

昭和天皇は思いやり深くこの上ない慈悲心《じひしん》を持たれていた。このようなことがあった。皇太子時代、大正七年七月のある日、新宿御苑《ぎょえん》を散策《さんさく》されていたとき、通路に大きなみみずが日光にさらされて苦しんでいた。これを見たおつきの一人が一緒にいた同僚に何気《なにげ》なく、「みみずは土中にいれば無事なのに、なまじ地面に出てくるから日光に当って苦しむのだ」と私語したところ、皇太子はそのみみずをつかみ木陰《こかげ》にそっと放った。なかなかできないことである。このとき皇太子は東宮《とうぐう》御《お》学問所《がくもんじょ》において学ばれていた。皇太子をご輔《ほ》導《どう》（輔《たす》け導くこと）する最高責任者である総裁・東郷平八郎《とうごうへいはちろう》はこれを聞いて、「さても崇《たか》き御《み》心《こころ》かな。御仁慈《ごじんじ》小虫にまで及ぶことの有難《ありがた》さよ」と感涙《かんるい》した。

昭和天皇のご仁慈の厚さは天性だが、天皇に大きな感化を与えられたのが御母貞明皇后《おんははていめいこうごう》である。貞明皇后は明治十七年、公爵九条道孝《こうしゃくくじょうみちたか》（五摂家《せっけ》の一つ）の四女としてご誕生、明治三十三年満十五歳で皇太子嘉仁《よしひと》親王とご結婚、大正元年二十八歳で大正天皇の皇后となられた。崩御《ほうぎょ》なされたのは昭和二十六年（六十六歳）である。節子《さだこ》と申し上げる。

華族《かぞく》女学校初等科の少女時代のできごとである。ある冬の朝、校舎の屋根から小雀《こすずめ》が落ちてきた。それを見つけた節子姫はすぐ水をやり風のない所にそっと移してやった。ところが一時間後にはあえなく死んでいた。節子姫は深く悲しまれた。同級生の一人はこうのべている。

「この哀れな小さい者にもかく御心《おこころ》をお尽しになりましたその折《おり》のことを、私はいつまでも忘れることができません」

節子姫は天性の慈悲心の持主《もちぬし》であった。天皇皇后両陛下が病者、被災者、不幸に苦しむ人々に深い同情を寄せられ救済の手を差しのべられるのはわが皇室の尊い伝統の一つである。養蚕《ようさん》奨励、燈台支援と並ぶ貞明皇后の「三大事業」の一つが、癩病《らいびょう》（ハンセン病）患者への救援活動である。当時この病は不治《ふち》の病《やま》いとして恐れられ感染を避けるため隔離《かくり》を余儀《よぎ》なくされた（現在は治療により完治する）。貞明皇后は、大正四年熊本のハンセン病施設「回春病院《かいしゅんびょういん》」に二千円（現在の四千万円ほど）を下賜《かし》された。

また御殿場市にある日本初のハンセン病施設「神山復生病院《こうやまふくせいびょういん》」にはたびたび金品を下賜された。大正十三年十二月、皇后は同病院に五百円、入院癩患者《らいかんじゃ》に木綿縞《もめんじま》衣服一着を下賜された。同院長の神父レゼーと患者全員、日本の国母《こくぼ》からの「クリスマスプレゼント」に泣いて感謝し伏《ふ》し拝《おが》んだ。

貞明皇后からの温かいご支援に感謝の気持を何とかお伝えしたいと願った同院の患者たちは、せめてお召《め》し列車だけでもお見送りしたいと希望した。ところが警備当局は患者が沿線に立つことを認めない（感染を恐れたため）。それを聞かれた皇后は一言「遠慮はいらない」と許可された。

病院近くの沿線沿いで患者三十人と職員が日の丸の旗をもって並んだ。お召し列車が近づいた。すると車窓が大きく開《あ》けられ、貞明皇后はお立ちになり頭を傾けられてにこやかに答礼された。患者と職員たちみな涙にくれた。ぬぐってもぬぐっても涙はとまらなかった。

昭和二十三年六月三日、東京都東村山市のハンセン病施設「多摩全生園《たまぜんしょうえん》」に宮内庁から連絡が入った。

「皇太后陛下《こうたいごうへいか》が本日埼玉県へ行啓《ぎょうけい》なさいますが、思召《おぼしめ》しで車列《しゃれつ》の巡路を変更し貴園の前を通過します」

『孤高の国母《こくぼ》貞明《ていめい》皇后』（川瀬弘至　産経新聞出版）から引用させて頂く。

「長年、ハンセン病患者の救援に心を砕いてきた貞明皇后を、ひとめ見たいというのは患者全員の悲願である。入所者の記録によれば『みんな取るものもとりあえず、朝の食事は途中でやめて駆けつけるものもあり、松葉杖や手押車《ておしぐるま》で門前に集って来る人もありました』黒塗りの車が正門前でぴたりと停車した。入所者はびっくりした。そのまま通過すると思っていたからだ。園長が駆け寄ると、車窓がするすると下り、その奥に新聞などにしばしば写真が載《の》る貞明皇后その人がいた。

『それから皇太后様は中腰にお立ちになり、車窓からお顔をお出しになって私共に御会釈《ごえしゃく》を賜《たまわ》りました。私共があわてて敬礼を御返しすると、皇太后様は明るくおうなずきになり、優しく微笑《ほほえ》みをたたえて私共をじっと御覧になりました。その間は二分か三分、おそらく五分とかからなかったでしょう。お車はしずかに進行しました。

突然、せきを切って落したような感動のすすり泣きが私共の間から起りました。この一瞬こそ、まことに生涯忘れ得ぬ感激のひとときでした』」

貞明皇后は一言もおっしゃらない。しかし限りないご慈愛のお心が患者全員の心の奥底に電流のように伝わるのである。まさしく至愛至情《しあいしじょう》の波動である。貞明皇后は養蚕業《ようさんぎょう》奨励で地方ご巡啓《じゅんけい》を続けるかたわら、ハンセン病患者への救援活動に生涯尽された。

不幸な人々への熱い思いやり・燈台守支援・養蚕ご奨励

大正十二年九月一日、関東大震災が起きた。このとき貞明皇后は摂政《せっしょう》であった皇太子（昭和天皇）を支えられて救援活動に心血を注がれた。皇后はことに乳幼児や妊産婦《にんさんぷ》の保護に留意されて、宮内省直轄の巡回救療班の組織を指示された。巡回救療班は各班三人の医師（小児科・産科・内科）と五人の看護婦（内一人は助産婦）で九月十三日に編成され無料往診を開始、最終的に九班体制となり翌年三月末まで尽力した。これによりいかに多くの乳幼児と新生児が救われたか知れない。

地震発生時、貞明皇后は日光田母沢《たもざわ》御用邸にあったが、同月末帰京、上野駅に着かれるや、すぐそばにある宮内省巡回救療班へ行かれて患者に声をかけられた。続いて東京市営罹災者収容所、泉橋《いずみばし》病院を尋ね収容傷病者を慰問された。この時代、天皇や皇后が一般国民に直接声をかけられることはめったにない異例だが、貞明《ていめい》皇后は親しく声をかけられ慰め励まされた。それから毎日のようにご慰問が続けられた。東京本郷の臨時産院を視察されたときのことを前掲書はこう記している。

「寝ている乳児を起さないよう『畏《かしこ》くも靴音をしのばせられ静かにお歩みになり、産婦には一々御慰問の御言葉を賜《たまわ》り、枕元の嬰児《えいじ》には一々手を触れさせられ、御いたわりになり畏くも御自らハンカチで涙をふいておやりに』になったり、『ゴム管の乳首を落して泣き叫ぶ赤ん坊を御覧になってはいろいろとあやし給《たま》い、乳首をお手づから含ませておやりに』なったりしたと、日本赤十字社の機関誌に書かれている」

貞明皇后は十二月中旬まで繰返《くりかえ》し病院を慰問されたが、その間夏服で通された。罹災者《りさいしゃ》には冬服が十分に行き届いていなかったからそれを思いやられたのである。皇后はこの関東大震災以来、それまで二汁三菜だった食事を一汁二菜にされた。食費を切り詰め生活を出来るだけ質素にして捻出《ねんしゅつ》した資金を恵まれぬ不幸な人々への支援に当てられたのである。そのころ詠《よ》まれたお歌がこれである。

石の床《とこ》　うすべりひとつ　しきのべて
　みをよこたへる　をの子いたはし

※うすべり＝薄いしきもの。　をの子＝男の子。

木枯《こがらし》の　風ふきとほす　板いへの
　夜《よる》のふしどを　おもひやるかな

※ふしど＝寝床

貞明皇后は燈台守《もり》の生活にも深くお心を注がれた。それは燈台守が人里離れた断崖絶壁や孤島に住みこみ過酷な生活をしていたからである。一日も休むことができず、子供が通う学校も病院も近くにはなかった。皇后は三浦半島の観音埼《かんのんざき》灯台へ自ら足を運ばれて、燈台守の生活をつぶさにご覧になられたが、ここから燈台守への支援が始められた。燈台守とその家族の労苦に深く同情されて、そのあと燈光会に五千円（現在の一億円ほど）を下賜《かし》された。全国の燈台守とその家族に与えられたのがこの御歌《みうた》である。

荒浪《あらなみ》も　くだかむほどの　雄心《をごころ》を
　やしなひながら　守れともし火《び》

貞明《ていめい》皇后のご仁慈《じんじ》は外国人にも及んだ。シベリアで両親を失い孤児となったポーランドの少年少女七百六十五名が大正九年、十一年と二度にわたり日本政府により救助された。このとき日本赤十字社が孤児たちを世話した。孤児たちはわが国朝野《ちょうや》の厚い同情と支援を受けたが、最も哀憐《あいれん》の情を示されたのは貞明皇后である。皇后はこの孤児たちに合計二千五百円を下賜された。第一回目、孤児たちは東京で世話をうけたが、皇后は日赤病院に行啓《ぎょうけい》されて直接孤児を慰問されてお言葉をかけられた。皇后の行啓はポーランド本国に伝えられて全国民が感激した。

貞明皇后が生涯お心にかけられたのが養蚕《ようさん》である。明治から昭和前期にかけて、生糸《きいと》は日本の輸出の半分以上を占めた。この養蚕業の発展の先頭に立たれたのが皇室であり、昭憲皇太后《しょうけんこうたいごう》は明治四年、皇居内に養蚕所《ようさんじょ》を作り自ら育てられた。貞明皇后は皇太子妃になられて明治四十一年からこれを受け継がれた。その伝統は今日まで脈々と続いている。節子《さだこ》姫は華族女学校時代から養蚕に関心を抱かれたが、こう詠《よ》まれている。

かぎりなき　みくにのとみや　こもるらむ
　しづがかふこの　まゆのうちにも

※しづ＝農民。こ＝蚕《かいこ》。まゆ＝繭。蚕の作るもの。これが絹系になる。

わが国の　とみのもとなる　こがひわざ
　いよいよはげめ　ひなもみやこも

※こがひわざ＝蚕を飼う業。養蚕業

養蚕期には毎日の様に養蚕所にゆかれ、長らくおられるのが常であった。皇后は蚕のことを「お蚕《こ》さま」とよばれた。手にとりわが子のように頬ずりなされるのである。側近や女官の中には華族《かぞく》出身のお嬢様育ちが多いから蚕《かいこ》が苦手な者もいる。あるとき御用掛《ごようがかり》の一人で親しかった松平信子（秩父宮妃勢津子《せつこ》姫《ひめ》の母）に「持ってごらん」と蚕をさし出した。思わず顔をそむけると茶目っ気たっぷりに言われた。「絹物を著《き》る資格がないね」

貞明皇后は「小石丸《こいしまる》」とよばれる日本古来の在来種を大事にされた。川瀬氏前掲書にはこうある。「皇后は『奈良朝この方、日本の昔の絹がたぐいなき優秀さを保ってきたことには……一つには、それが純日本種の蚕の吐《は》いた糸によって織られた』からだと考え、自ら品種の保存に努められたのである」

貞明《ていめい》皇后は昭和二十二年、大日本蚕糸《さんし》会総裁に就任された。全く異例だったが貞明皇后は日本経済の再建、立直《たてなお》しの為、できることは何でもしたいと思われたのである。

「神ながらの道」に立たれたご生涯

貞明皇后のご生涯を貫いたものは一言をもってすると、「神《かん》ながらの道」である。皇后は大正十三年、東京帝国大学教授筧克彦《かけひかつひこ》より「神ながらの道」について八回にわたってご進講《しんこう》を受けられた。「神ながら」とは、「神そのもの」「神であるまま」「神のみ心のままに神を畏《かしこ》み敬《うやま》い仰ぎ信じて生きる」という意味で、このことばは祝詞《のりと》や万葉集にある。日本人の信仰、宗教、生き方の根本は、この「神ながら」の一言につきる。「神ながらの道」は「神の道」「神道《しんとう》」と言い換えることができる。貞明皇后は筧《かけひ》のご進講に心から納得された。筧はこうのべている。

「（貞明皇后は）あらゆる方面の思想・信仰など人の考えるよりは深く研究されていました。

皇后の御理解力、感得力というのは人並みではなかったのです。私の接した人の中でも、その点皇后は類例を見ないお方であったと今でも思っています」

「神ながらの道」に立たれた貞明皇后の敬神崇祖《けいしんすうそ》についてのべよう。皇后は昭和十一年六月から七月にかけて東海、関西に行啓《ぎょうけい》され伊勢神宮始め神社、御陵《ごりょう》を参拝された。六月六日から二十七日までに参拝されたのは、伊勢神宮、畝傍山《うねびやま》東北陵（神武天皇）、桃花鳥田《つきだの》丘上《おかのえ》陵（綏靖《すいぜい》天皇）、伏見桃山陵（明治天皇）、伏見桃山東陵（昭憲皇太后）、後月輪《のちのつきのわ》東山陵（孝明天皇）、後月輪東北陵（英照《えいしょう》皇太后）、観音寺陵（後堀河天皇）、月輪陵（四条天皇ほか）、後月輪陵（光格《こうかく》天皇ほか）、法住寺陵（後白河天皇）、春日率川坂上陵《かすがいのいざかわのさかのえ》（開化《かいか》天皇）、佐保山南陵（聖武《しょうむ》天皇）、佐保山東陵（光明皇后）である。

　このほか熱田《あつた》神宮、橿原《かしはら》神宮、石清水《いわしみず》八幡宮、賀茂《かも》神社、春日《かすが》神社、護王《ごおう》神社（祭神和《わ》気清麻呂《けのきよまろ》）、枚岡《ひらおか》神社（祭神天児屋根神《あめのこやねのかみ》・比売神《ひめがみ》・経津主神《ふつぬしのかみ》・武甕槌神《たけみかづちのかみ》）、法隆寺、中宮寺《ちゅうぐうじ》、東福寺、仏光寺《ぶっこうじ》、慈眼寺《じがんじ》などに参拝された。その際の貞明皇后のご姿勢につき、宮内省総務課長加藤進はこうのべている。

「このときの大宮さまのご身辺には、女性らしい弱々しさはまるで感じられることもなく、たいへんきびしいお姿のように拝せられました。登山路の右や左にお目をふれられることなく、あたかも剣客が真剣勝負にのぞむときのような凜然《りんぜん》とした気魄《きはく》をお備えになっていられるように拝しました。参拝のときはよそ見をしてはならないと、かねがね仰《おお》せられていました」

貞明《ていめい》皇后の敬神崇祖のお心の深さがわかる。翌十二年には支那事変《シナじへん》が始まり、十六年大《だい》東亜《とうあ》戦争が勃発《ぼっぱつ》する。皇后は昭和の国難をひしひしと感じられ国家の前途を切に憂えられて、皇祖神、歴代天皇の御霊にこうして護国の祈りを捧げられたのである。

貞明皇后が天皇陛下のお務めになる宮中祭祀を最も重んぜられたことは言うまでもない。皇太后《こうたいごう》になられてからも、新嘗祭《にいなめさい》や御神楽《みかぐら》の夜は、宮中から祭儀の終了の通知があるまではお慎《つつし》みの姿勢を崩すことなく御寝《ぎょしん》はされなかった。宮中祭祀《きゅうちゅうさいし》において皇后として純白の五衣《いつつぎぬ》で参拝されるときのお姿につき、侍医《じい》の山川一郎はこうのべている。

「まことに人間界には見るべくもなく、さすがに雲の上と思うほど、その神々《こうごう》しさが仰がれた」

貞明皇后は大東亜戦争敗戦後も毅然《きぜん》として日本再建のために盡瘁《じんすい》（深く尽力すること）された。世界に比類ないわが国の歴史、伝統、文化に対して不動の信念と誇りを抱かれて、宮中の慣習を護持されんと務められた。アメリカ軍の空襲で宮中の記録が焼失して、儀式などどう進めてよいかわからなくなった時など、皇太后大夫《こうたいごうだいぶ》だった坊城俊良《ぼうじょうとしなが》は、「最後には貞明皇后にお尋ね申上《もうしあ》げて幾回となく教えていただいた」とのべている。

「まこと」のご人格

貞明皇后がいかにすぐれた人間性を持たれたまことの人、まごころの人であったかさらにのべよう。

皇太后時代、貞明皇后はよく昭和天皇、皇后陛下にお使いを出された。その使いのご口《こう》上《じょう》を皇太后大夫に伝えられるとき、眼前に天皇陛下ましますがごとく必ず起立され姿勢を正してのべられた。またお使いの次第、両陛下からのお言葉などを復命《ふくめい》するときもやはり起立してお聴きになった。昭和天皇とは親子ではあるが、あくまで臣下《しんか》として至尊《しそん》(天皇)に対する敬意と秩序を微塵《みじん》もゆるがせになさらなかったのである。

貞明皇后は戦後、米軍の爆撃により青山の大宮御所《おおみやごしょ》が全焼したため、しばらくの間沼津御用邸にお住まいになった。そのとき身近に奉仕する人々が交替して東京に帰るとき、必ず何かのお土産《みやげ》を下《くだ》された。敗戦・占領中の時代だからお手元は豊かではなかったが、献上品や御用邸の畑に出来た野菜や卵など決して高価なものではないが心をこめたご下賜品《かしひん》であった。坊城《ぼうじょう》皇太后大夫《こうたいごうだいぶ》はこうのべている。

「お目にかかったことのない下々《しもじも》の者にも一人洩《も》れなく、ちゃんとその前日までに土産を用意され、その日になると御挨拶《あいさつ》に出る者にはその場でお渡しになり、御挨拶にも出られない小使《こづかい》などには陛下の方からその日を記憶しておられて、女官《じょかん》を介してお渡しになられるという徹底したお心遣《こころづか》いであった。このような内輪の奉仕者だけではなく、御警衛にあたる守衛や地方の警察官たちにも、その交替退出に際しては同様のお心遣いであった。卵やお菓子、そんなものが足らないときは、たとえ煙草一本ずつでもお渡しになられた。……これは決して簡単なことではなく、並々ならぬお心遣いであったのである。それもすべて陛下御自身のお心遣いであり、あらかじめ品を用意されるだけでも非常なお心配りであったのである」

戦後の昭和二十年十二月から、宮中勤労奉仕が始まった。宮城県栗原郡の青年男女の熱《あつ》き真心により自発的に開始され今日に至っている。青山の大宮御所における奉仕の最初は昭和二十二年二月である。貞明皇后は奉仕団にいかに接せられたか、川瀬氏はこうのべている。

「奉仕団がくる前日も貞明皇后は夜ふかしをした。地図に鉛筆で印をつけながら、団員たちの郷里の地理、歴史、特産品などを調べておくのだ。当日に庭先で歓談する際、どうして皇太后陛下が自分たちのことをよくご存じなのかと、誰もが感激したのは言うまでもない。そんなとき貞明皇后は、いつもモンペ（袴《はかま》の形をして足首のくくれている股引《ももひき》。労働着としてよく女性が着用した）姿だった。庭の清掃や除草に汗をかく団員たちと、心は一緒なのだと示したかったのだろう。真冬の寒い日も軽装で、女官が襟巻《えりまき》を勧めるとこう言った。『遠方からわざわざ来てくれているものに会うのに、寒いからといって襟巻などは出来ません』」

貞明皇后が戦後もモンペをはき続けたことにつき、川瀬氏はこうのべる。

「急速に変貌する社会風潮や価値観への反骨であったようだ。あるとき御用掛《ごようがかり》の山中貞子にこう言った。

『敗戦だという世の中に若い者も年寄りも随分派手な服装をしているのは、誠に恥ずべきことと思う。私は戦争中のつつましやかな気分を忘れたくないからこれを改めないで着ている』」

坊城皇太后大夫はこうのべている。

「皇太子妃となられて以来、皇后、皇太后となられても、そのご生活態度のつつましさ、その驚くべきほどのご質素と勤勉、それらは決してつとめてそうされるのではなく、全《まった》く自然ににじみ出るご態度であった」

大正天皇はご病弱のため御齢《おんよわい》四十七歳にて崩御《ほうぎょ》なされた。皇后はご発病以来数年間渾《こん》身《しん》のご看病をなされた。ご夫婦仲はきわめて円満で仲睦まじく、四人の皇子《みこ》を授かられた。

崩御後、貞明《ていめい》皇后は衷心よりご慰霊の毎日をすごされた。毎日午前十半時から十一時半まで大正天皇の御影《みえい》(ご尊像・ご真影《しんえい》)を祀《まつ》られた部屋で読経《どきょう》をされる。坊城皇太后太夫はこう記している。

「その室は冬でも一切火の気がなく、座布団をお使いにならなかった。さながら先帝まのあたりに在《いま》しますがごとく、『昨日はこういうことがありました』とか『誰それがこんなものを献上しました』などとご報告になるのであった」

さらに、午後五時から一時間、夕べのお勤めをなされた。

和歌の道のご修業

「神《かん》ながらの道」を重んぜられた貞明皇后は、神ながらの道と不可分一体である「しきしまの道」である和歌の道のご修業を積まれ、生涯一万三千余首の御歌《みうた》を詠《よ》まれた。代表的な御歌をあげよう。

一《ひと》すぢに　まことをもちて　つかへなば
　神もよそには　いかで見まさむ

※「神ながらの道」とは換言すれば「まことの道」である。人がまことの心で生きることは、神の心を生きることだから神の心にかなう。明治天皇の御製《ぎょせい》「目に見えぬ神にむかひて恥ぢざるは人の心のまことなりけり」も同様の歌意である。

限りなき　世を照らします　天津日《あまつひ》の
　光にまさる　光あらめや

※天津日＝天照大御神

あら玉の　年のはじめに　ちかふかな
神ながらなる　道をふまむと
※あらたま＝年・月・日・春などにかかる枕詞

敷島《しきしま》の　やまとのくにを　つらぬける
まことの道を　すすむ楽しさ
※敷島＝やまとにかかる枕詞

神の道　をしへのままに　身《み》をもちて
御代《みよ》守るべく　尽《つく》さしめませ

みいのちを　いただくものと　おぼゆれば
人も尊し　われもたふとし

※人間のいのちはすべてみな神のいのち、神からいただいたかけがえのないいのちだから、人のいのちも自分のいのちもともに尊い。これが「神ながらの道」、神道の生命観である。

祖《おや》も神　孫《まご》も神にて　中にある
　わが身《み》も神と　きくぞたふとき

※祖先も子孫も今ある自分もみな神のいのちのあらわれ、神そのものと「神ながらの道」は教えている。なんと尊くありがたいことであろうかとの歌意。

大みたま　吾が身《み》に下《くだ》り　宿ります
　尽《つく》すまことを　おしひろめませ

※大みたま＝神のたましい。神のたましい・神のいのちが宿っている人間として、神のこころを尽すことが「まこと」である。このまことをおしひろめてゆくことが神の道であり、人の道との歌意。

遠つ祖《おや》　み親のみたま　やどしつつ

身をおろそかに　思ふべしやは

※遠い先祖から代々つながっている親のみ霊《たま》を宿しているのがわが身・わが命なのだから、決して自分の身命《しんめい》をおろそかにしてはならないとの歌意

弥栄《いやさか》の　たふときをしへ　守りつつ

参《ま》ゐ上《のぼ》らなむ　神のみ前《まへ》に

※弥栄＝いよいよ栄えること。一生この尊い「神ながらの道」の教えを守って神のみ前に恥ずることなき自分でありたいとの歌意。

神ながら　思《おも》ほし召《め》せる　ことわりを

さとり覚えて　行はむかも

※神を仰ぎ畏《かしこ》み敬い、神のみ心のままにたがうことなく生きてゆきたいとの歌意。かも＝詠嘆、強い感動を現す助詞。

皇神《すめかみ》の　大《おほ》御心《みごころ》を　むねとして

つたへ来《き》にけり　あきつしま人《びと》

※皇神（天照大御神）の大御心を仰ぎ戴《いただ》いて、それをこの世界にひろめのべるのがあきつしま人（日本人）の使命との歌意。

そこまでも　心澄《す》まさむ　まことより
外《ほか》には浮ぶ　もののなきまで

※そこ＝心の底。まことの道つまり神ながらの道に立って生きることがすべてとの歌意。

清らなる　こころの絵ぎぬ　くりひろげ
いざうつさなむ　神の御光《みひかり》

※絵ぎぬ＝絵をかく絹の画布《がふ》。　神の命をうけた人間として神の心にかなう立派な生き方をしようとの歌意。

苦しみは　幸《さち》の門出《かどで》と　よろこびて
如何《いか》なることをも　つとむべきかな

※「苦難は人を幸福に導く試練・恩寵《おんちょう》として悦んで感謝して受けとめ、努めはげむべし」との歌意。

くるしさを　与へましける　幸《さち》なくば
　この深きみち　いかでわくべき

※「艱難辛苦《かんなんしんく》は結局、人間を練磨し立派な人格を築き上げる神から与えられた幸福である。人生に艱難辛苦というものがもしなければ、人間はとうていこの艱難辛苦のもたらす深い道をはっきり理解することはできない」との歌意。わく＝理解する。

きりすとも　釈迦《しゃか》も孔子《こうし》も　ゐやまいて
　をろがむ神の　道ぞたふとき

※ゐやまふ＝敬う。貞明《ていめい》皇后は仏の信仰をも持たれ、儒教も十分学ばれるのみならず、キリスト教まで深く理解され、わが神ながらの道はそれらを排斥《はいせき》せず包容しさらに融合して日本化しうるとの確信を持たれていた。神ながらの道とは偏狭な教えではなく、仏教儒教キリスト教を大きく包みこむ普遍の道との大信念を持たれていた。神ながらの道の日本であったから、仏教と儒教は神道と融合して日本化したのである。キリスト教においても新渡戸稲造《にとべいなぞう》ら

が出て日本的キリスト教の傾向を強くした。

高ひかる　天《あま》つ日《ひ》つぎの　いやますに
　栄えむ事を　とはに祈らむ

※高ひかる＝天にかかる枕詞。　天つ日つぎ＝天皇。

以上の十八首、「神ながらの道」を仰ぎ戴《いただ》き、畏《かしこ》み敬い神に感謝して「まことの道」を貫いて生きる日本人の最も大切にすべき心を詠《よ》まれたものである。「神ながらの道」「まことの道」についてこれほどの歌を詠んだ人物は少い。

大《おほ》み代《よ》の　ひかりとぞみる　靖国の
　かみのそのふの　ともし火のかげ

民《たみ》こぞり　守りつづけて　皇国《すめくに》の
　つちはふますな　一はしをだに

皇国《すめくに》は　いふにおよばず　大《だい》あじあ
　国のことごと　すくはしめませ
※貞明《ていめい》皇后は大東亜《だいとうあ》戦争が祖国防衛戦争であるとともにアジア諸民族はじめ非西洋諸国の解放
　独立の為の戦いであることを固く信じられていた

なぐさめむ　ことばもしらず　たちいでぬ
　いたでになやむ　姿みかねて

ますらをの　命ささげし　物語
　聞くだにわが身《み》　おきどころなし

国民《くにたみ》の　たづき安けく　なるときを
　ひとり待ちつつ　蚕《こ》がひいそしむ
※大日本蚕系会に下賜《かし》された御歌《みうた》。このあと大日本蚕系会総裁に就任された。たづき＝生活。

このねぬる　朝けの空に　光あり
　のぼる日かげは　まだ見えねども

※このねぬる＝この夜をよく寝た。朝け＝朝明け、夜明け。昭和二十六年、歌会始の御歌。

昭和二十六年九月、サンフランシスコで講和条約が結ばれて翌年わが国は独立を回復するが、昭和二十六年五月十七日、貞明皇后は崩御《ほうぎょ》された。昭和天皇が母君貞明皇后をいかに敬愛され、その崩御をいかに哀悼されたかは次の御製《ぎょせい》に明らかである。

池のべの　かたしろ草《ぐさ》を　見るごとに
　母のこころの　思ひいでらる

ありし日の　母の旅路を　しのぶかな
　ゆふべさびしき　上《かみ》の山《やま》にて

冬すぎて　菊桜さく　春になれど
　母のすがたの　見えぬかなしさ

たらちねの　母の好みし　つはぶきは
　この海の辺《べ》に　花咲きにほふ

※つはぶき＝草花

貞明《ていめい》皇后は生涯昭憲皇太后《しょうけんこうたいごう》を高く仰ぎ尊敬され何事もお手本とされた。「神《かん》ながらの道」に随《したが》い至誠《しせい》と慈愛《じあい》の限りを尽された貞明皇后は、昭憲皇太后にいささかも遜色なき国史上最もすぐれた国母《こくぼ》のお一人であった。

4 平成の皇后陛下

天皇陛下の皇后様への深き感謝

平成三十一年、平成天皇は御譲位《ごじょうい》なされた。平成天皇は御在位三十一年間、神武天皇以来万世一系《ばんせいいっけい》の天皇という世界に類《たぐ》いない最古の王朝の「伝統の継承者としてこれを守り続ける責任に深く思いを致《いた》」され、「全身全霊をもって務めを果た」され、「何よりまず国民の安寧《あんねい》と幸せ」を祈られて国民と苦楽を共にされてこられた。かくのごとき天皇を戴《いただ》いていることは、日本国民として何と有難く尊く悦ばしくかつ幸せなことであろうか。

平成天皇にいつも慎ましく寄り添ってこの上ない「内助《ないじょ》の功《こう》」を尽されたのが皇后陛下である。平成天皇は平成十五年このようにのべられた。

「私自身にとり深い喜びをもたらしてくれたものは、皇后との結婚でした。どのようなときにも私の立場と務めを大切にし、優しく寄り添ってくれたことは心の安らぐことであり感謝しています」

平成二十一年、御結婚五十年の金婚式に当り、平成天皇はこう語られた。

「皇后は結婚以来、常に私の立場と務めを重んじ、また私生活においては、昭和天皇を始め私の家族を大切にしつつ私に寄り添ってきてくれたことを嬉しく思っています。……何事も静かに受け入れ、私が皇太子としてまた天皇として務めを果たしていく上に、大きな支えとなってくれました」

「結婚五十年に当って贈るとすれば感謝状です。皇后はこの度も『努力賞でいい』としきりに言うのですが、これは今日までつづけてきた努力を嘉《よみ》して（ほめたたえること）の感謝状です。本当に五十年間よく努力を続けてくれました。その間にはたくさんの悲しいことや辛《つら》いことがあったと思いますが、よく耐えてくれたと思います」

「何でも二人で話し合えたことは幸せなことだったと思います。皇后はまじめなのですが、面白く楽しい面を持っており、私どもの生活にいつも笑いがあったことを思い出します。また、皇后が木や花が好きなことから、早朝に一緒に皇居の中を散歩するのも楽しいものです。結婚後、花に関心を持つようになりました。

語らひを　重ねゆきつつ　気がつきぬ
　われのこころに　開きたる窓

婚約内定後に詠《よ》んだ歌ですが、結婚によって開かれた窓から私は多くのものを吸収し、今日の自分を作っていったことを感じます。結婚五十年を本当に感謝の気持で迎えます」

このべられた際、天皇陛下は声をやや詰まらせ目に涙を浮かべられたのであった。平成天皇が皇后陛下をいかに敬愛し深く感謝されているか思いやられる。これに対して皇后陛下はこうのべられた。

「この五十年間、陛下はいつも皇太子、また天皇としてのお立場を自覚なさりつつ、私ども家族にも深い愛情を注いでくださいました。陛下が誠実で謙虚でいらっしゃり、また常に寛容でいらっしゃったことが、私がおそばで五十年を過ごしてこられた何よりの支えであったと思います」

常に国家の弥栄《いやさか》・安泰《あんたい》と国民の幸福を祈願される平成天皇と心を一つにされてこられ

た皇后陛下の、人々へ寄せられた真心の数々をあげよう。天皇皇后両陛下が恵まれない人々、病気や障害をかかえている人々、災害にあった人々、苦しみ悲しんでいる人々に対して、ことのほか深い同情、愛情を注いでこられてきたことは誰もが知るところである。

恵まれない人々への厚き慈愛

昭憲皇太后《しょうけんこうたいごう》以来、歴代皇后はハンセン病患者に温い救済の手を差しのべてこられた。貞明《ていめい》皇后の救済活動については既述した。皇后陛下は天皇陛下とともに全国十四ヵ所の療養所全てを慰問された。皇后陛下が初めてハンセン病療養所を訪ねられたのは昭和四十三年、奄美大島《あまみおおしま》にある「奄美和光園」である。このとき同行した一記者はこうのべている。

「両殿下とも躊躇《ちゅうちょ》なく患者さんの体をさすったり、手を握ったりしていたわられていました。今と違い『病気がうつるのではないか』という偏見が強く残り、患者が社会から厳しく差別されていた時代だけに、あの思いやりに溢《あふ》れた行動には驚きました。その場面を目の当たりにして患者さんだけでなく、療養所のスタッフも私たち取材陣も思わずもらい泣きしたほどです」

倉敷《くらしき》市にある知的障害者施設「たけのこ村」に対して、皇后陛下は天皇陛下とともに四十数年間にわたり慈《いつく》しみに満ちた励ましを続けられた。施設の責任者藤岡博昭氏は出家者（僧侶）でもあるが、「天皇陛下は大日如来《だいにちにょらい》、皇后陛下は観世音菩薩《かんぜおんぼさつ》のようなお方」と賛えてやまない。藤岡氏と共に長らく尽力してきた水野忠幸氏はこうのべる。

「皇后陛下とは何度もお会いし、そのたびに『水野さん』と僕の名前を呼んで下さいます。普通なら考えられないことです。皇后陛下から何度も優しい言葉、励ましの言葉をかけていただいたことが、生きる勇気を与えてくれました」

水野氏は生まれてすぐ捨児《すてご》のように母親と生き別れたが、はみかみつつこう語っている。

「こんなことを言うと失礼かもしれませんけど、皇后陛下には母親に対するような気持を抱いていています。いつか皇后陛下のように優しい女性と結婚するのが夢です」

平成七年、阪神・淡路大震災が起きた。天皇皇后両陛下は被災地を訪れて体育館や公民館では上履《うわばき》もはかれずに、腰をかがめ膝をつかれて被災者を心から慰められ励まされた。ある所で、天皇陛下から「頑張って下さい」と励ましのお言葉をいただいた女性は、その瞬間感極《かんきわ》まり思わずおそばにいた皇后陛下の肩に顔を埋めてすがりついたのである。皇后陛下は少しも慌《あわ》てず、いたわるように女性を抱き締め、「辛《つら》かったでしょうし、怖《こわ》かったでしょうけれど頑張って下さいね」と優しいお言葉をかけられた。マイクロバスでその場を離れるとき、皇后陛下は握った両手の拳《こぶし》を何度も上下させて見送る被災者を強く温かく励まされた。そこにはまさしく「国母《こくぼ》」のお姿があった。

平成二十三年の東日本大震災においても両陛下は慰問と激励を幾度もなされた。この上ない悲劇の中、不幸のどん底におちいった人々がいかに絶望から立上《たちあ》がり感動と悦び、生きる希望と勇気を与えられたかは筆舌《ひつぜつ》に尽しがたい。

皇后陛下の真心は遠く海外にも及んだ。皇后陛下は皇太子妃時代からこれまで天皇陛下とともに三たびブラジルをご訪問されて、日系人から大歓迎を受けられた。昭和四十二年、最初のご訪問のとき、小児麻痺《しょうにまひ》の十歳の少女・芹口《せりぐち》百合子リリアちゃんを見舞われた。その後百合子ちゃんは十三回も手術を受けてついに自力で歩けるようになり大人になると美容師として働くようになった。その間、皇后陛下は何度も百合子ちゃんに励ましの便りやクリスマスカードを送り続けられた。十一年後昭和五十三年、二度目のご訪問のとき、皇后陛下は百合子さんと再会された。「元気になって本当によかったですね」と手を固く握られたが、その頬は涙で濡れていた。さらに平成九年三度目のご訪問の折には、三児の母となった百合子さんと再会、喜び合われた。最初の出会いから三十年、皇后陛下はブラジル日系人にかくも深いお心を寄せられ続けたのである。皇后陛下は平成十一年このうのべられている。

「困難な状況にある人々に心を寄せることは、私どもの務めであり、これからも更に心を尽してこの務めを果たしていかなければいけないと思っています。……皇室の私どもには、行政に求められているものに比べ、より精神的な支援としての献身が求められているように感じます。……国民の叡知《えいち》がよい判断を下し、人々の意思がよきことを志向《しこう》するよう常に祈り続けていらっしゃる陛下のおそばで、私もすべてがあるべき姿にあるよう祈りつつ、自分の分《ぶん》を果たしていきたいと考えています」

護国の忠霊に対する至情

平成天皇とともに皇后陛下は、国のために精根を尽して戦って亡くなった護国の忠霊《ちゅうれい》、靖国の英霊に対して敬意の限りを尽して慰霊の誠を捧げられた。

大東亜《だいとうあ》戦争が終って五十年目の平成七年、両陛下は七月、長崎と広島をご訪問、原爆死没者への慰霊を行われた。続いて八月、沖縄をご訪問、摩文仁《まぶに》の丘《おか》の沖縄戦没者墓苑《ぼえん》においで追悼された。そのあとすぐに東京都慰霊堂（墨田区横網町・昭和二十年三月十日、アメリカ軍の大空襲により亡くなった約十万人始め十六万三千余の遺骨が納められている）において献花された。

両陛下は平成六年硫黄島《いおうとう》、十七年サイパン島、二十七年ペリリュー島をご訪問なされた。皇后陛下の護国の英霊と一般国民の犠牲者に対する哀悼と鎮魂の深いお心は、いくつかの御歌《みうた》により拝することができる。

波なぎし　この平《たひ》らぎの　礎《いしずゑ》と
　君らしづもる　若草《うりずん》の島

※君＝最も深い尊敬のお気持をこめてこの言葉を使われておられる。うりずん＝沖縄の言葉、
　若草の意。

銀ネムの　木々《きぎ》茂りゐる　この島に
　五十年《いそとせ》眠る　み魂《たま》悲しき

慰霊地は　今安らかに　水をたたふ
　如何《いか》ばかり君ら　水を欲《ほ》りけむ

※この二首は硫黄島《いおうとう》ご訪問の折の御歌《みうた》。栗林忠道大将の「国の為重きつとめを果《はた》し得《え》で矢弾《やだま》尽き果《は》て散るぞ悲しき」の辞世に対して、天皇陛下は「精根《せいこん》を込《こ》め戦ひし人未《いま》だ地下に眠りて島は悲しき」と詠まれた。両陛下は最後の句を「悲しき」の語で結ばれた。栗林大将の辞世に万感の思いをこめられておこたえになられたのである。

被爆五十年　広島の地に　静かにも
　雨降り注《そそ》ぐ　雨の香《か》のして

海陸《うみくが》の　いづへを知らず　姿なき
　あまたの御魂《みたま》　国護るらむ

いまはとて　島果《しまは》ての崖《がけ》　踏みけりし

をみなの足裏《あうら》　思へばかなし

※昭和十九年サイパン島にいた一般日本人は米軍の侵攻を受けて断崖から飛びおりて自決した。女性の足の裏が地面から離れて命を失うその時のことを思いやられた万感胸迫る御歌《みうた》。

逝《ゆ》きし人の　御霊《みたま》かと見つむ　パラオなる
　海上を飛ぶ　白きアジサシ

※平成二十七年、ペリリュー島に向《むか》われる途中、サイパン島でご覧になったと同じ白いアジサシが飛ぶさまを、亡くなった英霊に接するようにお感じになられて詠《よ》まれた御歌。

「君をかしこむ」——天皇陛下に寄り添われて

天皇陛下に寄り添われる皇后陛下の深い思いは御歌に明《あきら》かである。

神まつる　昔の手ぶり　守らむと
　旬祭《しゅんさい》に発《た》たす　君をかしこむ

※手ぶり＝伝統・ならわし・慣習。旬祭＝毎月三回、一・十一・二十一日に行われる宮中祭祀。かしこむ＝畏む。神・天皇に対して深く慎み心から敬うこと。天皇の最重要の任務は「国安かれ民安かれ」の祭祀、祈りである。平成天皇は何より宮中祭祀を厳格にお務めになられた。皇后陛下はそのような天皇陛下に対せられて「君をかしこむ」とうたわれたのである。

去年《こぞ》の星　宿《やど》せる空に　年明《としあ》けて
　歳旦祭《さいたんさい》に　君いでたまふ

※歳旦祭＝一年のはじめの宮中祭祀

わが君の　み車《くるま》にそふ　秋川《あきがは(わ)》の
　瀬音《せおと》を清《きよ》み　ともなはれゆく

※天皇陛下とともに秋川にそってお車が進んでいったが、秋川のせせらぎの音があまりにも清らかなので、その清らかな瀬音にも伴われてご一緒にお車を走らせたことです、との歌意

日本列島　田ごとの早苗《さなへ》　そよぐらむ

今日わが君も　御田《みた》にいでます
ことなべて　御身《おんみ》ひとつに　負《お》ひ給《たま》ひ
うらら陽《ひ》のなか　何思《なにおぼ》すらむ

遠白《とほしろ》き　神代《かみよ》の時に　入《い》るごとく
伊勢参《いせさんだ(ど)う》　道を　君とゆきし日

抒情の調べ——名歌の数々

実に清らかな気高い調べだが、皇后陛下にはほかにも数多くの名歌《めいか》がある。

てのひらに　君のせましし　桑の実《み》の
その一粒に　重みのありて

あづかれる　宝にも似《に》て　あるときは
　吾子《わこ》ながらかひな　畏《おそ》れつつ抱《いだ》く
※昭和三十五年浩宮《ひろのみや》様ご誕生の時の御歌《みうた》

音さやに　懸緒《かけを》截《き》られし　子《こ》の立てば
　はろけく遠し　かの如月《きさらぎ》は
※浩宮殿下の「加冠の儀」の際に詠まれた御歌《みうた》

時折《ときをり》に　糸吐《は》かずをり　薄き繭《まゆ》の
　中なる蚕《かひこ》　疲れしならむ

幾光年　太古《たいこ》の光　いまさして
　地球は春を　ととのふる大地

朝風《あさかぜ》に　向ひて走る　身障の

身《み》は高らかに　炬火《きょくわ(か)》をかざして

※全国身体障害者スポーツ大会開会式における御歌《みうた》

いたみつつ　なほ優しくも　人ら住む
ゆうな咲く島の　坂のぼりゆく

※沖縄のハンセン病患者の施設を訪ねられた時の御歌。ゆうな＝南方の淡黄色の花。

鹿子《かこ》じもの　ただ一人子《ひとりご》を　捧げしと
護国神社に　語る母はも

※鹿子じもの＝鹿は一頭しか子を持たないところから「ひとり(子)」にかかる枕詞。　も＝詠嘆を表す助詞。

岬《みさき》みな　海照らさむと　点《とも》るとき
弓なして明《あか》る　この国ならむ

※この素晴らしい御歌につき、仙台白百合短大のマリー・フィロメーヌ教授はこうのべている。

「岬という岬の燈台が海にむかって光を投げる時、弓状に照る日本列島の美しさ。日本は本当に美しい国です。そしてその国土や自然、人々の美しさを、皇后さまは優しく見いだされ、認め、賛嘆され、それをお歌の中で更に強い現実とし、永遠化していらっしゃるのではないでしょうか。日本の国のこの上ない幸せを思わずにはいられません」

子に告げぬ　哀《かな》しみもあらむを　柞葉《ははそは》の
　母清《すが》やかに　老《お》い給ひけり

※御母君について詠まれた御歌。柞葉＝母にかかる枕詞。

この国に　住むうれしさよ　ゆたかなる
　冬の日向《ひなた》に　立ちて思へば

癒《い》えまして　再び那須の広原《ひろはら》に
　仰《あふ》がむ夏を　祈りしものを

※昭和六十四年、昭和天皇が崩御された。昭和天皇を深く偲ばれた御歌。

長き年　目に親しみし　御衣《みころも》の
　黄丹《わう(おう)に》の色に　御代《みよ》の朝《あさ》あけ
※平成二年、平成天皇は即位礼を挙げられ大嘗祭を執り行われた。御即位を言祝《ことほ》いだ御歌《みうた》。

かすみつつ　晴れたる瀬戸の　島々を
　むすびて遠く　橋かかりたり

窓開《あ》けつつ　聞きゐるニュース　南アなる
　アパルトヘイト法　廃されしとぞ

めしひつつ　住む人多き　この園《その》に
　風運びこよ　木の香《か》花の香

この年《とし》の　春燈《しゅんとう》かなし　被災地に

雛《ひな》なき節句《せっく》　めぐり来《き》たりて

※平成七年、阪神淡路大震災の際詠《よ》まれた御歌

いかばかり　難《かた》かりにけむ　たづさへて
　君ら歩みし　五十年《いそとせ》の道

語らざる　悲しみもてる　人あらむ
　母国《ぼこく》は青き　梅実《みの》る頃

※この御歌は平成十年イギリスご訪問中、元捕虜から激しい抗議を受けられた折、「虜囚《りょしゅう》」の身となったわが国軍人の上を思われて詠まれたもの。竹本忠雄氏はこうのべている。
「思わず、これ、本当に皇后様の御歌？　と手にした掲載紙を見直したほど印象は強烈でした。悲しみを詠《うた》いながら、それを超えています。《母国は青き梅実る頃》……こんにち、このようなお立場の方がこれほどの透明な抒情《じょじょう》（澄みきった深いお心）と憂国の至情《しじょう》を併《あわ》せ持っておられるとは――。ああ日本は一つなのだと、ありがたさが一杯になる思いでした」

現《うつ》し世《よ》に　まみゆることの　又となき
　御貌《みかほ》美し　御舟《おふね》の中に

※平成十二年、香淳《こうじゅん》皇后崩御《ほうぎょ》の際の御歌《みうた》。御舟＝棺《ひつぎ》。皇后陛下は香淳皇后の最晩年、真心をこめられて献身的な介護をなされ孝養を尽《つく》された。毎日のように車椅子を押されて吹上御所の美しい花々をお見せするなど常に優しい心遣いをお忘れにならなかった。

帰り来るを　立ちて待てるに　季《とき》のなく
　岸とふ文字を　歳時記《さいじき》に見ず

※俳句の季語を集めた歳時記に「岸」という項目はない。あちこちの岸辺で春夏秋冬を問わず、誰かの帰りを待ってたたずむ人の姿を詠まれたもの。東日本大震災の津波で行方不明になった人々の家族へのお気持ちあるいは拉致被害者、シベリア抑留者など様々の場合の待つ人待たれる人の姿を「岸」という御題《ぎょだい》で詠ぜられた。

春風《はるかぜ》も　沿《そ》ひて走《はし》らむ　この朝《あした》
　女川《をながは》駅を　始発車いでぬ

※平成二十七年三月、ＪＲ石巻線が復旧、四年ぶりに女川駅から始発列車が出発した。その喜びの御歌。

幸《さき》くませ　真幸《まさき》くませと　人びとの
声渡りゆく　御幸《みゆき》の町に

生命《いのち》ある　もののかなしさ　早春の
光のなかに　揺り蚊《ユスリカ》の舞ふ

君とゆく　道の果《は》たての　遠白《とほしろ》く
夕暮れてなほ　光あるらし

語るなき　重きを負《お》ひし　君が肩に
早春の日差《ひざ》し　静かにそそぐ

今しばし　生きなむと思ふ　寂《じゃく》光《くわう(こう)》に
園《その》の薔薇《さ(そ)うび》の　みな美しく

※平成三十一年歌会始御題《ぎょだい》「光」についての御歌《みうた》。薔薇＝バラ。

弟橘姫の愛と犠牲と感謝の物語を現代に生きた皇后陛下

いかなる人にも誠実に接せられる優しく神々《こうごう》しい慈母観音のごとき国母《こくぼ》皇后陛下は、実に日本女性の典型、模範と誰もが思う。民間から皇后になるという歴史始まって以来の出来ごとであったが、恐《おそ》れながらそれは皇后陛下の天命《てんめい》、宿命《しゅくめい》であったと思われる。皇后陛下は小学校時代、最も心を揺さぶったのが『古事記』や『日本書紀』から子供向けにつくられた物語だったと後年こうのべられている。

「一国の神話や伝説は正確な史実ではないかもしれませんが、不思議とその民族を象徴します。これに民話の世界を加えると、それぞれの国や地域の人々がどのような自然観や生死観を持っていたか、何を尊び、何を恐れたか、どのような想像力を持っていたかなどが、うっすらとですが感じられます」

皇后陛下が五年生のとき深く感動されたのが日本武尊《やまとたけるのみこと》とその后弟橘姫《きさきおとたちばなひめ》の物語であった。前（第４章１項）にものべたがその大要は、日本武尊が東国の反乱を鎮めんとして海を渡ろうとした時、途中で海が荒れて進めなくなる。そのとき弟橘姫は海神の怒りを鎮めんとして海に身を投げ入れる。自己の犠牲において日本武尊の使命を遂行せしめんとするのである。その際、弟橘姫はその前に賊により焼き殺されかかった折、日本武尊により九死に一生を得たことを、次のように歌うのである。

さねさし　相模《さがむ》の小野《をの》に　燃ゆる火の
　火中《ほなか》に立ちて　問ひし君はも

（燃えさかる火の中であなたは私の名を叫びお救いくださいました。尊《みこと》への深い敬愛と感謝をうたったもの。あのとき自分は尊に救われた。それゆえいま自分は一身を捧げて尊をお救いしたい）

皇后陛下はこの歌を掲げてこうのべられた。

「弟橘《おとたちばな》の歌は、『あの時、燃えさかる火の中で、私の安否《あんぴ》を気遣《きづか》って下さった君よ』という、危急の折に皇子の示した優しい庇護《ひご》に対する感謝の気持を歌ったものです。……弟橘の歌は――私は今、それが子供向けに現代語に直されたものか、原文のまま解説が付《ふ》されていたのか思い出すことが出来ないのですが――あまりにも美しいものに思われました。『いけにえ』という酷《むご》い運命を進んで自らに受け入れながら、恐らくはこれまでの人生で最も愛と感謝に満たされた瞬間の思い出に、感銘という以上に強い衝撃を受けました。はっきりとした言葉にならないまでも、愛と犠牲という二つのものが、私の中で最も近いものとしてむしろ一つのものとして感じられた不思議な体験であったと思います。……今考えると本当に良い贈り物であったと思います。なぜなら、それから間もなく戦争が終り、米軍の占領下に置かれた日本では教育の方針が大幅に変り、その後は歴史教育の中から神話や伝説は全く削除されてしまったからです」

小学五年生のとき皇后陛下は、「愛と犠牲は一つのもの」と感じられたのである。これほどの気高いお心と深い感受性を持たれた皇后陛下の運命は、このとき定められていたのである。

参考文献

『塙保己一』太田善麿　吉川弘文館
『人間池田勇人』土師二三雄　講談社
『私記・一軍人六十年の哀歌』（正続）今村均　芙蓉書房
『大東亜戦争を見直そう』名越二荒之助　原書房
『軍神の母、シドニーに還る』南雅也　光人社ＮＦ文庫
『鉄舟随感録』安部正人　秋田屋書房
『嘉納治五郎』伝記編纂会　講道館
『吉田松陰の母』福本義亮　誠文堂新光社
『聖将東郷全伝』（全三巻）小笠原長生　全伝刊行会
『伊藤博文・井上馨』伊藤痴遊　平凡社
『島津斉彬公伝』池田俊彦　中公文庫
『太平記』（一〜五巻）　新潮社
『ああ黒木博司少佐』吉岡勲　教育出版文化協会
『赤穂浪士の死生観』平尾孤城　三交社

『小泉八雲』田部隆次　北星堂
『鹿鳴館の貴婦人大山捨松』久野明子　中公文庫
『緒方洪庵』梅溪昇　吉川弘文館
『芙蓉日記』野中千代子　平凡社ライブラリー
『鈴木貫太郎伝』鈴木伝編纂委員会
『西郷家の人びと』原口泉　角川書店
『いっさい夢にござ候―本間雅晴中将伝』角田房子　中公文庫
『報徳記』富田高慶　岩波文庫
『軍神橘中佐の生涯』江崎惇　スポニチ出版
『回想の大西瀧治郎』門司親徳　光人社
『旅順に於ける乃木将軍　斜陽と熱血』津野田是重　信毎出版部
『知覧いのちの物語――「特攻の母」と呼ばれた島濱トメの生涯』島濱明久　きずな出版
『評伝廣瀬武夫』安本寿久　産経新聞社
『坂本龍馬とその時代』花輪莞爾　新人物往来社
『野村望東尼伝』小野則秋　文友堂書店

『保田興重郎全集』第十七巻　講談社
『昭憲皇太后実録』（上中下巻）　宮内庁　吉川弘文館
『類纂昭憲皇太后御集』明治神宮
『昭憲皇太后さま』明治神宮
『昭憲皇太后のご生涯』打越孝明　中経出版
『エピソードでつづる昭憲皇太后』出雲井晶　錦正社
『宮中五十年』坊城俊良　講談社学術文庫
『今上陛下と母宮貞明皇后』筧素彦　日本教文社
『神ながらの道』筧克彦　神ながらの道普及会
『貞明皇后 その御歌と御詩の世界――「貞明皇后御集」拝読――』西川泰彦　錦正社
『孤高の国母貞明皇后』川瀬弘至　産経新聞出版
『国母の気品貞明皇后の生涯』工藤美代子　清流出版
『道―天皇陛下御即位十年記録集』宮内庁　ＮＨＫ出版
『道―天皇陛下御即位二十年記録集』宮内庁　ＮＨＫ出版
『道―天皇陛下御即位三十年記録集』宮内庁　ＮＨＫ出版

『皇后美智子さま全歌集』秦澄美枝　新潮社
『天皇霊性の時代』竹本忠雄　海竜社
『皇后宮 美智子さま祈りの御歌』竹本忠雄　扶桑社
『天皇皇后両陛下 祈りの二重唱』竹本忠雄　海竜社
『平成の大御代 両陛下永遠の二重唱』竹本忠雄　倫理研究所
『皇后の真実』工藤美代子　幻冬舎
『サピオ』平成19年9月30日号　小学館

ほか

日本の母と妻たち
――偉人を育て支えた女性の力――

初版発行　令和元年 10 月 20 日

著　　者　岡田幹彦
発 行 者　白水春人
発 行 所　株式会社 光明思想社
〒 103-0004 東京都中央区東日本橋 2-27-9　初音森ビル 10 F
TEL 03-5829-6581
FAX 03-5829-6582
URL http://komyoushisousha.co.jp/
郵便振替 00120-6-503028

装　　幀　久保和正
本文組版　メディア・コパン
印刷・製本　中央精版印刷株式会社

ISBN-978-4-904414-98-9